ALTDEUTSCHE TEXTBIBLIOTHEK

Begründet von Hermann Paul
Fortgeführt von Georg Baesecke und Hugo Kuhn
Herausgegeben von Burghart Wachinger

Nr. 104

Herzog Ernst D

(wahrscheinlich von Ulrich von Etzenbach)

Herausgegeben von

Hans-Friedrich Rosenfeld

MAX NIEMEYER VERLAG TÜBINGEN

1991

Gedruckt mit Unterstützung des Förderungs- und Beihilfefonds Wissenschaft
der VG WORT GmbH

CIP-Titelaufnahme der Deutschen Bibliothek

Herzog Ernst D :
(wahrscheinlich von Ulrich von Etzenbach) / hrsg. von Hans-Friedrich
Rosenfeld. – Tübingen : Niemeyer, 1991
(Altdeutsche Textbibliothek ; Nr. 104)
Einheitssacht.: Herzog Ernst
NE: Ulrich <von Etzenbach>; Rosenfeld, Hans-Friedrich [Hrsg.]; GT

ISBN 3-484-20204-1 kart.
ISBN 3-484-21204-7 Gewebe
ISSN 0342-6661

Satz: pagina GmbH, Tübingen
Druck: Allgäuer Zeitungsverlag GmbH, Kempten
Einband: Heinr. Koch, Tübingen

Inhalt

Vorwort

Diese Ausgabe hat eine lange Vorgeschichte, über die hier nur
kurz berichtet werden kann. Sie lag zu Anfang der 1930er
Jahre bereits fertig vor, war für die ATB angenommen und
dort auch bereits angekündigt. Da bat Erich Gierach den Un-
terzeichneten, die Ausgabe zurückzuziehen, bis sein Schüler
Friedrich Repp seine geplante große vergleichende Ausgabe
des 'Herzog Ernst D' und seiner alttschechischen Umdichtung, des 'Vévoda Arnošt', herausgebracht habe, da dies für
Repp von entscheidender Bedeutung sei. Der Unterzeichnete
erklärte sich bereit, in der Annahme, daß es sich um eine
begrenzte Zeit handele. Repp aber bat immer wieder um Auf-
schub. So kam es, daß die stets aufs neue zurückgestellte Ausgabe etwa zur Hälfte mit wertvollen Materialien durch
Kriegseinwirkung verloren ging.

Repp beharrte auch nach dem Kriege auf seinem Vorhaben
und wies (z. B. 1957, S. 36) auf die einer künftigen Arbeit vor-
behaltene Konfrontierung des tschechischen Dichters mit
dem deutschen Dichter hin. Er starb aber im Jahre 1979, ohne
Entsprechendes zur Veröffentlichung gebracht zu haben.

Sobald es andere Pflichten erlaubten, brachte der Unterzeichnete nunmehr die Neuausgabe des 'Herzog Ernst D' zum
Abschluß. Dank dem liebenswürdigen Entgegenkommen des
Verlages Niemeyer und des Herausgebers B. Wachinger wurde
sie in die ATB aufgenommen. Dieser hielt aber für die metrische Regulierung eine stärkere Anlehnung an die Handschrift
g (15. Jh.) für wünschenswert. Daher wurden Text und Apparat seitens der Redaktion dahingehend geändert. Ich danke
Herrn Wachinger für seinen intensiven Einsatz sowie für eine
Reihe wertvoller Besserungen und Frau Elisabeth Hages für
die Durchführung dieser Konzeption sowie für die sorgfältige
Kontrolle der Handschrift und der Bibliographie.

Einleitung

I. Überlieferung

Der 'Herzog Ernst D' (HED), eine nach den Mustern höfischer Literatursprache des 13. Jahrhunderts gestaltete Bearbeitung des in mehreren Fassungen überlieferten Herzog-Ernst-Stoffes, ist als Ganzes nur in einer einzigen Handschrift erhalten, der Gothaer Handschrift g. Weitere Zeugen dieser Fassung sind ein verschollenes Fragment W und eine tschechische Bearbeitung 'Vévoda Arnošt' (VA).

g   Forschungsbibliothek Gotha, Schloß Friedenstein, Chart. B 48. Es handelt sich um eine Papierhandschrift in kleinem Quartformat 21,3 : 15,5 cm. Sie enthält 137 von moderner Hand durchgezählte Blätter, von denen das erste und das letzte unbeschrieben sind. Sie besteht aus kräftigem Papier mit einem Ochsenkopf als Wasserzeichen und ist in ein starkes Pergamentblatt geheftet, auf dem von alter Hand 'Herzog Ernst' geschrieben ist. Sie enthält nur den Text dieser Dichtung, und zwar in zwölf Lagen, von denen Lage 1 und 12 je 5 Doppelblätter, 2–10 je 6 und Lage 11 4 Doppelblätter enthält. Jede Lage hatte einen Custos, indem auf dem letzten Blatt der Lage rechts unten die ersten Worte der folgenden Lage verzeichnet waren. Sie sind aber nur noch bei Lage 1, 7, 10 und 11 vollständig erhalten, sonst aber vom Buchbinder ganz oder zum Teil fortgeschnitten.

Die Seiten sind einspaltig beschrieben, zumeist mit je 20 Zeilen. Da es aber keine Linierung oder Schriftspiegelbegrenzung gibt, schwankt die Zahl der Zeilen gelegentlich zwischen 19 und 24. Die Absätze sind durch einfache rot gemalte Initialen markiert. Außerdem ist die erste Zeile jeder Seite durch einen größeren Anfangsbuchstaben in gewöhnlicher Tinte ausgezeichnet. Die Zeilen beginnen mit Majuskel, doch hat Ahlgrimm (1890, S. 4) mit Recht hervorgehoben, daß besonders *a*, *g*, *h*, *i* und *y* sich öfter von den im Versinnern geschriebenen Buchstaben nicht unterscheiden. Alle An-

fangsbuchstaben sind rot durchstrichen. Rote bzw. schwarze
Striche dienen gelegentlich als Interpunktion. Soweit über *i*,
ö, und *ü* Punkte oder Strichelchen sind, sind sie mit schwarzer oder roter Tinte nachgetragen.

Nach Schrift und Sprache gehört die Handschrift dem Beginn des 15. Jahrhunderts an. Obwohl sie zweifellos von einer
Hand geschrieben ist, zeigt sie im Sprachlichen eine große
Uneinheitlichkeit. Neben ausgeprägt md. Elementen weist sie
eindeutige bairische Einflüsse auf. Sie wird im Ostfränkischen
entstanden sein,[1] scheint aber im Vokalischen z. T. Schreibtraditionen gefolgt zu sein, die wir sonst weiter im Nordwesten finden, und andererseits damit Bairisches gemischt zu
haben. Daß aus dem Ostfränkischen nicht herausgegangen
werden kann, zeigt die konsequente Verschiebung von *pp* zu
ppf, *pph* in *scheppfer*, *kopphen*, *krapphe*, *gekappfet* oder *ppff*
in *koppffe*, *oppffer* außer in dem nicht verstandenen *schepbuchen* 103, ebenso von *mp* zu *mpf*, z. B. *kempflich* sowie von
anlautendem *p-* in dem sehr häufigen *pfaltzgraue*, *-graff*
selbst da, wo versehentlich das *l* vor das *a* gestellt ist,
557 *pflatzgraff*, 671 *pflazgraue*, ebenso wie die strikte Durchführung von hd. inlautendem *t* außer in einigen wenigen Formen des starken Präteritums, in denen der grammatische
Wechsel zugunsten des Präsensstammes ausgeglichen ist (z. B.
liden, *vermiden*, woneben aber *gesniten*, *vermiten* [part.]
steht).

Es kann nun die Sprache hier nicht im einzelnen dargestellt
werden. Es soll aber zur Entlastung des Apparates auf das
Wichtigste hingewiesen werden. Die md. Monophthongierung
ist nur bei *uo* konsequent zu *u* (*v*) durchgeführt; bei mhd. *ie*
überwiegt *i*, aber *ie* wird nicht nur manchmal für alte Länge
(z. B. *bie* für *bî* sehr häufig, *wieter* für *wîter*), sondern gelegentlich auch bei Kürze gebraucht (*rieten*, *vermieten* für *riten*,
vermiten); mhd. *üe* erscheint stets als *u* (*v*) (*grusse*, *gemute*),
soweit nicht nachträglich Punkte oder Strichelchen darüber
gesetzt sind.

---

[1] Das Südfränkische kommt nicht in Betracht. – Wenn Kohlmayer, Formkunst (1980, S. 371) vom »Trierer Schreiber der Hs. des HED« schreibt, so
beruht das auf einem Irrtum.

Sehr häufig ist Senkung von *i* zu *e* (die im allgemeinen nicht in das Ostfränkische reicht), so *seten* neben *site*, *bleben*, *resen* 'Riesen', *gestreten*, *vermeten*, *segenunfft*; ähnlich die von *u* zu *o*, nicht nur vor Nasal (*sonne*, *son*, *kommer*), sondern auch vor sonstigen Konsonanten (*borg*, *worden* [prät.], *verkore* [conj. prät.], *kortzer*, *mogen*, *orloube*), ebenso von *ü* zu *o* (*konig[inne]*, *worben*, *obir*, *obel*). Umgekehrt wird vereinzelt *e* zu *i* in *Witzel*, häufig aber *o* zu *u* (*wult* [prät.], *sult* [prät.], *uffte*, *uffenbare*); andererseits wird *o* aber auch geöffnet zu *a* in vielfachem *ab* 'ob', *nach* (neben *noch*), *haffe* 'hoffe', *wachen*; *â* wird öfter zu *o* verdumpft (*wopen*, *roten*).

Der Umlaut ist nur bei *a* konsequent durchgeführt (*wer*, *her* wird recht oft zu *weer*, *heer* gedehnt), sonst bleibt er gern unbezeichnet. Das gilt besonders von *ü* und *ö*, soweit nicht später Pünktchen nachgetragen sind. Für den Umlaut von *â* wird nirgends die Ligatur *æ* geschrieben, einige Male aber *ae* (*maere*, *baere*, *gesmaet*), sehr häufig *a* (*mare*, *sware*, *richtare*, *burgaren*), weit überwiegend aber nach allgemeiner md. Art *e* (*queme*, *vorneme*), vereinzelt auch *ee* (*weetlich*) oder *ä* (*gedächte*); Umlaut von *ô* bleibt immer *o* (*bosen*, *losen*, *frolich*, *schone* [adj.]).

Mhd. *öu* (*eu*) tritt als *eu* auf in *freude*, *freuwen*, *bestreut*, vereinzelt als *aw* (*frawt* [3. sg. präs.]), als *oi* in *masboime*, *boime*; *ou* wird in md. Weise öfter auch zu *eu* in *gleuben*, *reuben*, *heubt* neben *roubt*, *houbt*.

Bairische Diphthongierung ist bei *î* schon stark vertreten, aber *i/y* überwiegt noch sehr (*leip*, *weip*, *seyn* neben *wip*, *lip*, *syn*, *riche*, *gliche*); *û* ist in der Regel erhalten (*trut*, *brut*, *ful*, *sul*, *huß*, *tusend*, *erbuwet*), daneben steht vereinzelt vor *r ue* (*suer*) oder *ü* (*mür* neben *mauwer*); *au* wird außer vor *w* gern vor *ʒ* geschrieben (z. B. die *auzern*, *außwart*); *iu* erscheint in der Regel als *u* (*lute*, *uch*, *vntruwe*, *ruwe*, *uwer*, *hute* [adv. u. subst. pl.]), gelegentlich als *ue* (*fuer*, *tuer*, *ungehuer*), nicht selten aber auch zu *eu* diphthongiert, besonders vor altem und neu entstandenem *w* (*treuwe*, *teuwer* [oft], *geheuwer*, *steuwer*), aber auch vor anderen Konsonanten (*leute*, *deute*, *euch*, *freuntlichen*, *urleuge* [daneben mit Entrundung *urleige*], gelegentlich erscheint vor *w au* statt *eu* (*getrauwen*, *berauwen*, *tauwer*).

Mhd. *ei* bleibt unverändert (sehr häufig *ey*); ein vereinzeltes *rede* für *reide* (V. 400) ist wohl nicht Monophthongierung, sondern Schreibfehler. Dagegen wird *ou* zwar z. T. erhalten (*touf*, *kouf*), überwiegend aber zu *au* (*frauwen*, *schauwen*, *auwen*, *auch*, *traumte*); *ou* wird in nebentoniger Silbe geschwächt zu *u* (*urlup* wiederholt, daneben auch mehrfach *urlop*), so daß der Buchstabe *u* (auch *ü*) nun vokalisch stehen kann für mhd. *o, u, ü, iu, uo, üe, ou*.

Für unbetontes *e* in Ableitungs- und Flexionssilben findet sich in md. Weise sehr oft *i*: *sehin, iehin, erspehin, lehin, magit, zehir, abinde, obil, gegin, bittit, werbit, gnugit*, neben denen aber die Formen mit *e* doch überwiegen. Das Präfix *ver-* erscheint gern als *vor-* (*vorgeben, vornomen*) neben etwas häufigerem *ver-*, *zer-* stets als *(t)zu, (t)zur* (*tzubrach, tzureis, tzurgat*), die Präposition *ze* stets als *(t)zu*.

Häufig ist Synkope und Apokope in nahezu allen grammatischen Kategorien. Textkritisch wichtig ist, daß Formen wie *wont, volgt, wacht, furt, seit* Präsens wie Präteritum sein können.

Im Konsonantismus ist wichtig für das Mitteldeutsche die vom Niederdeutschen ausstrahlende Metathese des *r* in *burnen* 'brennen' und *borne* 'Brunnen' und vor allem die Behandlung des *h*: Dieses schwindet zwischen Vokalen (*hoe, hoen* [häufig], *snabelvie, enpfaen, gescheen, gesmaet, gespeet, speer*) oder bewirkt Kontraktion (*tzere, geschen, besen, spen, gesche*). Andererseits trennt es die den starken Verben angepaßten *sten* und *gen* silbisch (*gehen, stehen*), übt entsprechende Funktion in dem sehr häufigen *vihinde* 'Feinde' oder dem zerdehnten *wehir* 'Wehr' aus oder tritt an die Stelle des alten *j* in *muhete* oder des alten *w* in *geruhet(en), ruhe*. Schließlich wird *h* auch bereits zum reinen Dehnungszeichen in *gehn, stehn*.

Neben der md. Assimilation von *mb* zu *mm* (*kummer, kommer, krumme*) ist überraschend häufig epenthetisches *p* zwischen *m* und Dental, besonders *t* (*vornempt* [imper.], *allesampt, tzempt* [3. sg. präs.], *sampte* [prät.], *kumpt, sumpten, schampt*), vereinzelt *n* (*tzusampne*). Ähnlich häufig ist angewuchertes *t* nach *n* und *s* (*allentsampt, entwiht, (n)imant, sust*).

Der allgemeinen Entwicklung entsprechend, werden *s* und Spirans *ʒ* nicht mehr geschieden. Die Schreibung *ß* ist öfter auf einfaches *s* übertragen (*sußt, verlußt*).

Verdopplung von Konsonanten erfolgt vor allem bei *k*, *f* und *t* im In- und Auslaut (*danckte, versuncken, crencken*; *helffen, worffen, tieffe, lieff, rieff*; *sitten, stritteclichen, lutterlichen, hartte, damitt*), vereinzelt auch bei *l, m* und *s* (*villen* 2 mal für *vielen*; *himmel-(riche)*; *dissen, disser*); -*ck* tritt auch für *g* im Auslaut ein (*twanck, verbarck, truck*).

Können die oben erwähnten Spuren der bairischen Diphthongierung auf das allgemeine Fortschreiten dieser Erscheinung zurückgehen, die bereits im 14. Jh. das Ostfränkische erreicht, so ist unmittelbarer bairischer Schreibeinfluß zweifellos die Ursache der zahlreichen Schreibungen von *p* im Anlaut für *b*, besonders in dem sehr häufigen *enpieten*, aber auch *erpot, pleib, prant, pag, plutes, Peier*, in der Schreibung von *ch* für *k* in *antwerche, werchen, starch, werch* sowie in dem Wandel von anlautendem *d* zu *t* in der sehr oft auftretenden Form *verterben*.

Eine seltsame Eigenheit des Schreibers, der *t* und *d* im Inlaut gut trennt, ist es, daß er im Auslaut für echtes mhd. *t* mit Vorliebe *d* schreibt, so nach Ahlgrimm S. 21 *had* 25 mal, *rad* 11 mal, *stad* 22 mal, *god* 20 mal. Ebenso schreibt er gern für auslautendes *k* ein *g* in *starg, gedang, dang, volg, werg, trang, wang, crang*.

Aus der Formenlehre sei nur weniges erwähnt. Die Endung -*iu* der Pronomina und Adjektiva im Femininum Sing. und Neutrum Pl. ist stets durch -*e* ersetzt, und entsprechend heißt es stets *die* und *sie* (auch *si*). Der Dat. Pl. des Pers.-pron. der 2. Pers. lautet stets *vch* oder (selten) *evch*. Possessives *ir* wird zumeist flektiert. Die md. Formen *hulff(e)* (subst.), *woste, wollen, wolle* (conj.), *konde, sal* (neben überwiegendem *sol*) sind beliebt.

Die Handschrift ist nicht vollständig. Zwischen V. 166 und 167 besteht eine Lücke, wie bereits der erste Herausgeber v. d. Hagen erkannte, und zwar durch Blattverlust in der Mitte der Lage. Daß es sich dabei nur um ein Doppelblatt handelte, macht die Tatsache wahrscheinlich, daß dann die erste

Lage ebenso wie die 2.-10. ursprünglich ein Sexternio war.[2]
Das wären etwa 80-84 Verse. HED wäre dann im rein Erzählerischen knapper gewesen als 'Herzog Ernst B' (HEB), was
öfter zu beobachten ist; in HEB entsprechen der Lücke etwa
die V. 161-281, wobei man freilich bedenken muß, daß HED
V. 125-136 bereits eine Vorausdeutung auf das in der Lücke
Berichtete besitzt. Der alttschechische 'Vévoda Arnošt' (VA)
bietet vielleicht eine Bestätigung für den Umfang der Lücke.
Er benötigt für das Fehlende etwa V. 173-276, also etwas
mehr als 100 Verse. Das entspricht der Tatsache, daß im VA
die Erzählabschnitte in der Regel etwas umfangreicher sind
als im HED.

Die Handschrift weist eine weitere größere Lücke auf, die
schon W. Haupt (1849), S. 271, feststellte: zwischen V. 396 und
397. Hier war der Schreiber offenbar von einem auf 396 folgenden Reim *frouwen:schouwen* auf den gleichen Reim 397f.
abgeglitten. Die Lücke entspricht etwa HEB 454-506 und enthielt die Einladung der Fürsten zur Hochzeit, die Heimholung der Braut und den Beginn der Schilderung des Hochzeitsfestes. Im VA entspricht die Lücke etwa V. 605-689 (doch
s. darüber Anm. zu V. 396).

Die Handschrift macht im großen und ganzen einen zuverlässigen Eindruck. Wie alle Handschriften enthält sie mancherlei Schreibfehler und Versehen, die gelegentlich auch einen Reim zerstören (vgl. z. B. 5250 *fürste* [statt *süeze*]: *Blatfüeze*, 5513 *vermant* [statt *vermac*]: *pflac*). Daß der Schreiber
sich aber um Korrektheit bemühte, zeigt die Tatsache, daß er
vielfach Versehen mit einer Farbschicht überdeckte, auf die er
dann das Richtige schrieb. Da der erste Herausgeber v. d. Hagen in solchen Fällen die Farbschicht wegkratzte, um das Ursprüngliche zu sehen, finden wir heute öfter nur noch den
Irrtum in der Handschrift und sind auf v. d. Hagens Angabe
über den endgültigen Text angewiesen.

Bei der ersten Herstellung des Textes wurde mir die Handschrift von der (damaligen) Landesbibliothek in Gotha in

---

[2] V. d. Hagen zählt die letzte erhaltene Seite als VIII, was darauf beruht, daß
er das unbeschriebene erste Blatt der Lage nicht mitzählt.

XIV

großzügiger Weise auf der Handschriftenabteilung der Preußischen Staatsbibliothek in Berlin zur Verfügung gestellt. Meine Kollation trug ich in mein Exemplar der Ausgabe v. d. Hagens ein, das sich glücklicherweise erhalten hat. Zur Kontrolle bei der Neuausgabe beschaffte mir die Forschungsbibliothek Gotha, Schloß Friedenstein, liebenswürdigerweise einen Mikrofilm, von dem ich Vergrößerungen etwa in Originalgröße herstellen ließ. Für V. 1–588 konnte ich die schöne Bildprobe Behrs (1979, S. 41–55) mit Dank verwerten.

Nach der Gothaer Handschrift hat Friedrich Heinrich von der Hagen das Werk unter dem Titel 'Herzog Ernst des Heinrich von Veldeck' 1808 herausgegeben. Es war für die frühe Zeit eine tüchtige Leistung. Er verfuhr etwa nach dem späteren Prinzip der Deutschen Texte des Mittelalters, indem er die Handschrift buchstabengetreu abdruckte und nur da änderte oder in den nachgestellten Anmerkungen Änderungen vorschlug, wo ihm der Sinn gestört schien. Seine Kollation war sorgfältig, seine Vorschläge überlegt und oft treffend. Ahlgrimm (1890, S. 5f.) konnte ihm nur geringe Versehen nachweisen, und auch der Unterzeichnete vermochte bei zweifacher Kollation nur wenige Fehler festzustellen.

Eine Beschreibung der Handschrift und eine leider recht unzureichende Darstellung ihrer Sprache bot Franz Ahlgrimm (1890, S. 3–5 bzw. S. 14–24). Eine kurze Beschreibung der Handschrift findet sich bei Behr (1979, S. 18). Nachdem schon v. d. Hagen seiner Ausgabe eine Abbildung der ersten 14 Zeilen vorangestellt hatte, hat Behr (1979) V. 1–588 in gutem Schwarzweißabdruck wiedergegeben, bei dem allerdings die roten Teile (Initialen, rote Striche, rote Punkte) vielfach nicht gut herauskommen.

W Ein Pergamentfragment, das Carl Bone aus Düsseldorf zusammen mit einem verwandten Fragment einer unbekannten höfischen Verserzählung erworben und in der ZfdA 47 (1904) 421–430 veröffentlicht und besprochen hat. Das Fragment aufzufinden, ist weder mir noch Behr (1979) geglückt, doch konnte dieser aufgrund einer Bleistiftnotiz in Elias von Steinmeyers Handexemplar der ZfdA 47[3] feststellen, daß die

---

[3] Im Besitz der Seminarbibliothek des Instituts für deutsche Sprach- und Literaturwissenschaft in Erlangen.

Bruchstücke 1913 und nochmals 1917 von dem Leipziger Antiquariat Hiersemann für 340 Mark zum Verkauf angeboten wurden. Sie könnten also sehr wohl in eine öffentliche Bibliothek gelangt sein. So sind wir auf die Angaben Bones angewiesen.

Beide Bruchstücke waren von einem alten Buchdeckel in Würzburg »nicht ganz vorsichtig« abgelöst. Das zum HED gehörige Fragment II[4] ist das untere Drittel eines zweispaltig beschriebenen Blattes mit einem unteren 6 cm breiten Blattrand. Es enthält 41 (!) Verse, nämlich V. 1150–1159, 1190–1198, 1226–1236, 1266–1276; dabei fehlen – offenbar nicht wegen der unsachgemäßen Ablösung aus dem Bucheinband (Behr), sondern wegen Beschneidung durch den Buchbinder – von V. 1226–1230 je 1 bis 5 Buchstaben am Zeilenanfang, von V. 1190 das Reimwort *(hant)* und von V. 1266 das Reimwort *s(chamt)* bis auf einen Buchstaben. Für das gesamte Blatt ist eine Zeilenzahl von 40 und ein Format von ca. 35,5 : 25 cm erschließbar. Für die Buchstaben *n*, *l*, *f* gibt Bone die Höhe von 2,3 und 5 mm an, die nur geringen Schwankungen unterliege.

Fragment I ist das obere Drittel eines ebenfalls zweispaltigen Blattes und zeigt einen 3 cm breiten Blattrand. Es ist nach Bone von einer anderen, aber ähnlichen Hand geschrieben. Aus der Einrichtung beider Fragmente glaubte Bone mit Sicherheit schließen zu können, daß sie aus derselben Handschrift stammen. Das ist nicht nur wegen der Fundumstände nicht unwahrscheinlich. Das große Format legt die Vermutung nahe, daß die Handschrift nicht nur den HED, der nur etwa 35 Blätter gefüllt haben dürfte, enthalten hat.

Für weitere Einzelheiten muß auf Bone S. 421f. verwiesen werden. Bone betont die große Übereinstimmung in der Schrift wie in der Behandlung der Initialen mit der bekannten Heidelberger Sammelhandschrift Cod. Pal. Germ. 341[5] und

---

[4] Hiervon gibt Behr (1979, S. 56) statt einer nicht möglichen Abbildung einen Abdruck.

[5] Vgl. über sie insbesondere: Kleinere mittelhochdeutsche Erzählungen, Fabeln und Lehrgedichte III. Die Heidelberger Handschrift Cod. Pal. Germ. 341, hg. von Gustav Rosenhagen, Berlin 1909, Neudruck Dublin, Zürich 1970 (DTM 17), bes. S. IV und die Tafel am Schluß. Weitere Literatur s.

setzt das Fragment wie diese in das 14. Jahrhundert. Leider
sagt er nichts von Linierung[6] und Schriftspiegelbegrenzung,
wie sie für die Heidelberger Handschrift charakteristisch sind.
Es sei daher auf einen zwar nicht wesentlichen, aber deutlich
erkennbaren Unterschied der Einrichtung hingewiesen. In
beiden Handschriften sind die ungeraden Verse vorgezogen,
die geraden eingerückt (wie oft in dieser Zeit), aber während
in cpg 341 auch die geraden Verse so wie die ungeraden durch-
gehend Majuskel haben, beginnen sie in Bones Fragmenten
(W) in der Regel mit Minuskel; nur für 1190 betont Bone
ausdrücklich den großen Anfangsbuchstaben, und 1268 gibt
er ihn ebenfalls im Druck wieder. Besteht aber der Vergleich
der Schrift zu recht, so wird man das Fragment in die erste
Hälfte oder, wie jetzt allgemein cpg 341, in den Anfang des
14. Jahrhunderts verlegen können. Das äußere erschlossene
Ausmaß ist nur geringfügig größer als das der Heidelberger
Handschrift. Da nun diese ebenfalls 40 Zeilen auf der Spalte
zeigt, dürfen wir uns die Handschrift, aus der W stammt, mit
ihren z. T. »reicheren farbigen Initialen« wohl als eine ähnliche ansehnliche Sammelhandschrift vor allem epischen In-
halts vorstellen.

Die Sprache des Fragments ist, soweit die Kürze eine
Beurteilung erlaubt, ostfränkisch mit wesentlich geringerem
md. Einschlag als in g. W schreibt mehrfach *iz*, zeigt aber
sonst keine Neigung für *i* in den Nebensilben. Der Schreiber
trennt *ie* sicher von *i* und *î*, das stets undiphthongiert bleibt,
schreibt *v* für *uo*, *üe*, *iu*, *ü*; *e* für *æ*, und gibt der bairischen
Diphthongierung nur in *trewe* (2 mal) und *vntrewe* sowie in
(*ich*) *getrowe* nach, während daneben ebensooft *vntriwe*, *riwe*
(2 mal) vorkommt, dazu *trevgestriwe* für (*du*) *trüege* oder

---

Hartmann von Aue, Der arme Heinrich, hg. von Hermann Paul, 15., neu-
bearbeitete Aufl. besorgt von Gesa Bonath, Tübingen 1984 (ATB 3), S. VIIIf.
[6] Bones Hinweis darauf (S. 427, Anm. 4), daß zwischen V. 1154 u. 1155 und
1196 u. 1197 kein Zwischenraum ist, legt die Vermutung nahe, daß W ohne
Liniierung war und der Schreiber den Abstand der Verse etwas willkürlich
behandelte. Daraus ließe sich dann auch erklären, daß in ᵣᵃ 10 Zeilen erhalten sind, in ᵣᵇ nur 9, ohne daß etwa die Rückseite auf einen Schrägschnitt des
Buchbinders hindeutete.

truogest triuwe, in dessen erstem Gliede das *e* wohl auf einem Schreibfehler beruht.

Bone sucht S. 429 W dadurch eine besondere Bedeutung für die Textform von HED zu geben, daß er aus der Lesart *sinen geverten* von W V. 1158 gegenüber *sin* in g (das entweder *sine* oder *sinen* sein kann) erschließt, daß es sich im Gegensatz zu der Dreizahl in HEB 1318f. bei dem Überfall auf Heinrich nur um zwei, nämlich Herzog Ernst und Wetzel, gehandelt habe. Das beruht auf einem Irrtum: auch in HED 1118ff. ist ausdrücklich von einer Dreizahl die Rede. V. 1155ff. wird als der einzige Handelnde nur Ernst genannt und die Begleitung durch Wetzel stillschweigend vorausgesetzt. In dieser Hinsicht kann also W keine Vorzugsstellung eingeräumt werden.

Dagegen weist Bone mit Recht darauf hin, daß zwischen 1198 (letzte Zeile von [rb]) und 1226 (Beginn des Erhaltenen auf [va], das bis 1236 reicht und somit 11 Verse umfaßt) 29 Verse fehlen müssen, um die Zeilenzahl 40 zu erreichen, daß aber in g stattdessen nur 27 Verse stehen. Er bringt das mit dem verderbten Vers g 1202 *das er sin wunderlichen* in Verbindung. Unter Heranziehung der entsprechenden Erzählpartie von HEB 1327–1336 schlägt er vor, den Schaden von 1202 dadurch zu beheben, daß man statt 1202f. zwei Reimpaare einsetzt und in teilweiser Anlehnung an HEB (besonders V. 1332–1335) liest:

> Daz dûhte sie wunderlîchen,
> Daz er dô (*oder* alsô) hin was komen.
> Clage vnd weinen wart vernomen
> Vnd was in dvrch den keiser leit.

Da das Maß des Entlehnten nicht über die wirklichen Berührungen, die gelegentlich vorkommen, hinausgeht, kann man dies als eine gute Lösung der doppelten Schwierigkeit betrachten.

VA Als eine weitere Stütze der Überlieferung sah insbesondere Friedrich Repp (1930 und später in brieflichen und mündlichen Äußerungen) die alttschechische Versdichtung 'Vévoda Arnošt' ('Herzog Ernst') an. Dies Werk ist nur in der

großen Sammelhandschrift des Grafen Baworowski erhalten,
die danach als 'Codex Baworowský' bezeichnet wird. Sie ist im
Jahre 1472 geschrieben. Die darin enthaltenen Texte sind aber
älter, der VA stammt wahrscheinlich aus der Mitte des
14. Jahrhunderts oder früher. Die Handschrift wurde zuerst
von Alexander Brückner der Wissenschaft zugänglich gemacht: Böhmische Studien. Abhandlungen und Texte, in: Ar-
chiv f. Slaw. Phil. 11 (1888) – 14 (1892). Hier gab er Bd. 11,
S. 87–104, eine ausführliche Beschreibung der Handschrift;
der VA befindet sich auf S. 132–299 der Brücknerschen Zäh-
lung der Handschrift. In Bd. 11, S. 493–522 (bis V. 2677), und
in Bd. 12[7] (1890), S. 321–526 (V. 2678–5968), bot Brückner die
erste Ausgabe des Textes. Er erwähnte zwar, daß ein deutsches
Gedicht zugrunde liege, ging darauf aber nicht weiter ein.
1903 gab dann Jan Loriš den 'Codex Baworowský' neu heraus
und darin S. 146–300 den VA.[8] In der Einleitung (S. 18–26)
wies er besonders an einem Vergleich der Verse HED
5139–5145 mit VA 5494–5506 nach, daß HED die Quelle von
VA sein müsse. Darüber hinaus stellte er fest, daß VA 173–276
und 605–689 die Lücken der Gothaer Handschrift nach V. 166
und V. 396 füllen würden.

Repp erkannte richtig: Wenn, wie allgemein angenommen,
VA in der Mitte des 14. Jahrhunderts oder noch früher entstanden ist,[9] kann er als Quelle nicht die Gothaer Handschrift, sondern nur eine Vorstufe von ihr benutzt haben. Unter der Voraussetzung, daß VA sich eng an seine Quelle gehalten habe, müßte es dann möglich sein, mit seiner Hilfe
über g hinauszugelangen. Repp erhoffte sich zugleich durch
einen genauen Vergleich von HED und VA das alttschechische
Werk, das in der Handschrift des ausgehenden 15. Jahrhunderts viele Eingriffe erlitten hatte, in besserer Form wieder-
herstellen zu können.

---

[7] Nicht, wie Repp (1956, S. 41, Anm. 1) erklärt, in Bd. 13.

[8] Jan Loriš hatte schon vorher in einem Aufsatz auf den VA hingewiesen:
Staročeská píseň o Arnoštovi, in: Progr. reálky v Hradci Králové (Progr. der
Realschule in Königgrätz) 1892; diese Programmschrift blieb mir unzugäng-
lich. Repp (1956, S. 41) gibt fälschlich 1902 an.

[9] Baumann (1978, S. 157) erklärt, man müsse das alttschechische Original weit
ins 14. Jh., vielleicht ins erste Viertel, hinaufrücken.

Er hat dies Ziel nicht erreicht und für den HED keine neuen Vorschläge vorgelegt.[10] Das erklärt sich gewiß aus dem gänzlich anderen Stil des VA und aus der starken Formelhaftigkeit des Werkes. Repp (1957, S. 35) hat in anderm Zusammenhang mehrere charakteristische Beispiele gegeben, von denen hier eines angeführt sei. Die Verse in g:

> 702   Bereit waren auch die syne;
> 1259[11] Sie iahen alle gliche;
> 3417 Die vire ym globten das;
> 5328 Do gelobten yr die fursten wol

sind alle vier im VA an entsprechender Stelle 972, 1513, 3848 (hier ist *A* zu streichen), 5514 durch den Vers *Slibichu to vciniti* wiedergegeben, worin also nur der Sinn des mhd. *geloben* wiedergegeben ist.

Daß VA die beiden Lücken von g nicht aufweist, ist für die erstere mit ihrem Blattausfall selbstverständlich. Wie aus der in der Anmerkung zu V. 166 gegebenen Übersetzung ersichtlich ist,[12] berichtet VA in den Versen 173–276 ähnlich wie in HEB 175ff. (und von den lateinischen Fassungen des 'Herzog Ernst' besonders in C 194,12ff., weniger E 312A – 313B und Erf. 10,3ff.)[13] von dem gewaltigen Kaiser Otto, seiner Gründung und reichen Ausstattung des Bistums *Maidburk* zu Ehren des hl. Mauritius,[14] von Ottos erster Gemahlin, die er aber statt Ottegebe Dyana nennt, von ihrem Tod und ihrer Beisetzung im Münster und ihren Wundertaten und schließlich

---

[10] Der Unterzeichnete hatte für sich für die erste Herstellung der Ausgabe mit Hilfe von seiner und M. Vasmers Schülerin Frl. Elisabeth von Schreiber eine vollständige deutsche Übersetzung des VA angelegt, hatte damit aber keine nennenswerte Textverbesserung erzielen können. Diese Übersetzung gehört mit ihren Ergebnissen zu den im Vorwort genannten Verlusten.

[11] Nicht V. 1215, wie Repp angibt.

[12] Sie stammt von Frl. Elisabeth von Schreiber und ist von Winfried Baumann überprüft worden.

[13] Benennung der Fassungen in der üblichen Weise, vgl. z. B. Szklenar / Behr (1981). Eine genaue Analyse kann hier nicht gegeben werden.

[14] Die historische Folge ist die Gründung des Mauritiusklosters 937, worin Ottos erste Gemahlin Edgitha 946 beigesetzt wird, und erst 962 die Errichtung des Erzbistums Magdeburg.

XX

von dem Wunsche des Kaisers, wieder zu heiraten, und dem Hinweis der Fürsten auf Adelheid. Zweifellos geschieht dies in lockerem Anschluß an eine Vorstufe von g (g*); aber wie fremdartig ist die Schilderung Ottos, und wie wenig ist etwas für den Wortlaut daraus zu erschließen! In noch weit höherem Maße gilt dies für die zweite Lücke, die zwischen V. 396 und 397 liegt und die von VA 605–689 ausgefüllt wird. Wie abweichend von allem deutschen Brauch ist die Darstellung, insbesondere die Aufforderung Ottos an die Fürsten, die Hochzeit nicht zu verheimlichen, und der seltsame Verkaufsbetrieb von Schmuck und Edelsteinen bei der Festlichkeit! Gewiß auf den tschechischen Bearbeiter geht die Fortlassung des Hochzeitsortes (in B, C und E Mainz;[15] Erf. hat hier eine Lücke) zurück.[16] Dagegen könnte es eine Variante von g* (= HED) sein, daß die Fürsten mit der Einholung der Braut aus Bayern betraut werden; aber da diese in B, C und E durch den Kaiser selbst erfolgt, fehlt jede sonstige Stütze dafür. Daß im Gegensatz zu B, das hierüber schweigt, das kaiserliche Beilager geschildert wird, könnte angesichts der Erwähnungen von C 196,3f. und E 315B ein Zug von A sein, der in g* (= HED) erhalten war. Aber da dieser Rechtsakt im Leben der Zeit zur fürstlichen Eheschließung gehörte, ist auch hierfür die Gewähr nicht groß.[17]

---

[15] Außerdem werden in E Main und Rhein genannt.

[16] In der Regel werden die Eigennamen beibehalten, zumeist in deutscher Form wie *Maidburk* VA 206, 229; *Nurmbergk* VA 1024, 1089; *Pamberk* VA 4096, 5631; *Wircenburg* VA 1192, entstellt zu *wincenburk* VA 992 wie auch HED 5553 *Roßfelt* zu *Rozfark*, gelegentlich auch in tschechischer wie *Kréznu* für Regensburg (neutschech. *Rezno*) VA 1557. Für Oppenheim HED 4479 steht *owsem hodno*, das nach Repp (1956, S. 45) auf *wopenhoyme* zurückgeht; dagegen ist der Name *der von Veldecken* 2476 in VA 2860 einem Mißverständnis zum Opfer gefallen.

[17] Eine individuelle Gemeinsamkeit könnte in folgendem liegen. VA 622f. werden als Geschenke des Kaisers an die Ritter (HEB 500 *wîgande*) neben dem geläufigen Silber und Gold auch teures Tuch und Wagen (VA 622 *wozow*) genannt; dem teuren Stoff (der auch sonst als Geschenk beliebt ist) entspricht B 501 *manigen samît breiten*. Dazu bringt B 502 als weitere Gabe *die mûl mit den gereiten*; das kann aufgefaßt werden als ›die Maultiere mit den Wagen‹, da *gereite* ja häufig ›Wagen‹ heißt. Dies hätte dann, falls die Wendung bereits auf *A zurückgeht und daher auch in HED vorhanden war, die sonst als Geschenk im Mhd. nicht üblichen ›Wagen‹ hervorrufen können.

Nun läßt sich allerdings zeigen, daß die Erzählblöcke bis
auf verhältnismäßig kleine Einheiten in HED und VA einander entsprechen, meist so, daß VA breiter ist und daher mehr
Verse benötigt, aber innerhalb solcher Blöcke gestaltet VA oft
im einzelnen um. Repp (1956, S. 44) kann daher nur eine
wirklich überzeugende Stelle nennen, in der VA auf einem
besseren Wortlaut als dem von g beruhen muß, das ist HED
3513, wo g sagt: (*... gingen die helde iunge ...*) *brechen(d)e
samen vnd crut.* VA nennt statt *samen* richtig *huby* 'Pilze'. Da
man sich ja auch von gewissen Samen nähren kann, ist das
gewiß keine Konjektur des Umdichters, sondern beruht auf
der ursprünglichen Lesung *swamme*.[18] Damit wird zweifellos
eine bessere Vorlage als g erwiesen, aber das bringt textkritisch kaum einen Gewinn. Wenn auch B 4357 sich an entsprechender Stelle mit *wurze* begnügt, so weisen doch die lateinischen Fassungen bereits auf den richtigen Text:
C 225,26f. *tam fungos quam herbas et radices, quas invenire
manus poterat, manducabant,* E 356[a] *fungis vescuntur et albis
boletis*[19] und Erf. 28,28 *herbas et fungas gustabant.* Schon
Bartsch (1869, zu B 4357) hatte daher für HED *swamme unde
crût* vorgeschlagen. Nun könnte man allerdings versucht sein,
einen Schritt weiter zu gehen. In B lautet V. 4356f. *dô âzens
under stunden / wurze und swaz ez mohte sîn,* d. h. B und alle
lateinischen Fassungen haben den Begriff 'essen' in demsel-
ben Satz, in dem die Pilze erwähnt werden, und genau dassel-
be zeigt VA 3967 *Nic gineho negediechu / nez zelice a ktomu
huby* 'Nichts anderes aßen sie / als Krautgemüse und Pilze'.[20] Sind wir also genötigt, das *brechen(d)e* von g als eine
junge Änderung anzusehen und dem VA wie den übrigen Fassungen folgend dafür *ezzende* (oder *sie âzen*) einzusetzen?

Gemeint ist aber B 502 wohl die kostbare Ausstattung, die Maultiere als
bequeme Reittiere für die Damen erhielten.

[18] Daß der Schreiber von g *swamme* zu *samen* verlesen hat, beruht mit Repp
a. a. O. vielleicht darauf, daß das ihm geläufige Wort *bülez* war, *swam* in
dieser Bedeutung aber fremd.

[19] Nach der neuen Ausgabe VI, 277f.: Birgit Gansweidt, Der 'Ernestus' des Odo
von Magdeburg, München 1989 (Münchener Beiträge zur Mediävistik und
Renaissance-Forschung 39).

[20] So nach Baumann (1978, S. 157).

Daß diese Ausrichtung nach dem einen Satze nicht richtig
wäre, zeigt die Tatsache, daß es HED 3516 heißt *ditz was ir
aller ezzen*. Hier hat also eine andere Aufteilung stattgefun-
den. Eine solche Änderung ergäbe eine Doppelheit, die sich
nicht rechtfertigen läßt. Wir sehen also an diesem Beispiel,
daß selbst da, wo VA mit allen andern Fassungen gegen g
übereinstimmt, dadurch nicht eo ipso die echte Lesart für
HED gegeben ist.[21]

Daß die Vorlage von VA der Hs. g nicht allzu fern stand,
darf man vielleicht aus folgendem Befund erschließen. Der
VA ist in 118 Kapitel gegliedert. Diese sind am Anfang von
sehr verschiedener Länge, gleichen sich dann aber mehr an.
Sie schließen sich dann weitgehend an in g vorhandene Absätze an, die keineswegs immer logischen Einschnitten entsprechen. Das sei an einigen Partien gezeigt; nach der römi-
schen Kapitelzahl steht der Einsatz in VA, nach dem Gleich-
heitszeichen die Entsprechung in HED; wo hier der Absatz
fehlt, ist die Zahl eingeklammert: XVII 956 = 673; XVIII
1076 = 817; XIX 1194 = 933; XX 1204 = (950);[22] XXI 1230
= 975; XXII 1306 = 1045; XXIII 1344 = 1091; XXIV 1402
= 1155; XXXVI 2203 = 1901; XXXVII 2241 = 1929;
XXXVIII 2386 = 2049; XXXIX 2432 = 2091; XL 2464 =
2121; XLI 2508 = 2153; XLII 2558 = 2205; XLIII 2596 =
2241; XLIV 2626 = 2273; XLV 2650 = 2299; XLVI 2731 =
2373; XLVII 2815 = 2425; CVII 5393 = 5031; CVIII 5443 =
5091; CIX 5484 = 5129; CX 5507 = 5147; CXI 5573 = 5201;
CXII 5607 = 5231; CXIII 5639 = 5261; CXIV 5673 = 5293;
CXV 5736 = 5357; CXVI 5830 = 5437; CXVII 5862 = 5469;
CXVIII 5925 = 5531. Da im HED keine *âventiure*-Einteilung
vorliegt, ist diese weitgehende Übereinstimmung doch auffällig. Sie spricht für eine nähere Verwandtschaft von g mit der
deutschen Vorlage von VA. Da nun aber, wie Repp (1956 u.
1957) gut nachgewiesen hat, der Schreiber von 1472 den Text
des VA sehr stark im Sinne des späten 15. Jh.s umgestaltet und

---

[21] Die von Repp (1956, S. 56f.) angeführten Beispiele haben so geringes Ge-
wicht, daß wir sie hier beiseite lassen.
[22] Hier ist der Absatz in g offenbar versehentlich nicht gekennzeichnet.

vor allem aus Reimgründen den Wortlaut geändert hat und da ihm dabei zahlreiche Mißverständnisse unterlaufen sind,[23] kann VA für uns als Überlieferungsstütze nur da in Frage kommen, wo es einem glücklichen Finder gelingt, eine einwandfrei bessere Variante nachzuweisen.

II. Zur Verfasserfrage

Für den Namen des Verfassers des HED haben wir keinerlei Hinweis. Der Unterzeichnete hat versucht, Ulrich von Etzenbach (Eschenbach),[24] der in den letzten Jahrzehnten des 13. Jahrhunderts am böhmischen Königshof zwei Versromane gedichtet hat, als Autor zu erweisen (vgl. besonders Rosenfeld 1927); der HED wäre nach Sprache und Stil Ulrichs zweites Werk nach dem 'Alexander' und vor dem 'Wilhelm von Wenden'. Ehrismann (1935, S. 8) erklärte darauf: »es kann für erwiesen gelten, daß Ulrich von Eschenbach auch den Herzog Ernst gedichtet hat.« Friedrich Repp (1927; 1930) gelangte unabhängig zu dem gleichen Resultat. In der Forschung wurde diese These weitgehend übernommen. Erst in neuerer Zeit wurden Einwände laut. Vor allem H.-J. Behr (1977; 1979, S. 15ff.) hat aus Gründen der politischen Haltung der Dichtung, die nicht zu der Lage des jungen Königs Wenzel II. passe, Widerspruch erhoben; ihm schloß sich z. B. U. Meves (1976, S. 189–193) an, wogegen sich wiederum C. Gerhardt (1977, bes. S. 59 u. Anm. 110) wandte. R. Kohlmayer (1980) setzte sich gegenüber Behr wieder, mit weit besserer Kenntnis der historischen Verhältnisse Böhmens zur Zeit der Anfänge Wenzels, energisch für Ulrichs Verfasserschaft ein, auch auf-

---

[23] Ein Beispiel sei hier genannt. Repp zeigt (1956, S. 47), daß in der Vorlage des Schreibers *ſ* sowohl für *s* als auch für *ž* geschrieben wurde; der Abschreiber aber konnte nicht immer richtig entscheiden, ob *s* oder *ž* zu lesen ist; so faßt er z. B. in der Übersetzung der Verse HED 755f. *mit raube vnd mit brande* und 784 *das lant die auzern branten* altes *žéci* ›brennen‹ als *séci* ›schlagen‹ auf und entstellt dadurch den Sinn.

[24] Zur Namensform vgl. Ulrich von Etzenbach, Wilhelm von Wenden, hg. von Hans-Friedrich Rosenfeld, Berlin 1957 (DTM 49), S. V-XX.

grund der Zahlenkomposition. C. Lecouteux (1981) suchte die
Frage dadurch zur Entscheidung zu bringen, daß er, wie
schon Toischer (1881, S. 87ff.), auf Ulrichs Hinweis auf die
Cynacephalen Alex. 25100ff., die man *in herzogen Ernstes
buoche* finden könne, näher einging. Er betonte nicht nur er-
neut ihr Nichtvorkommen in der Erzählung aller bekannten
Herzog-Ernst-Dichtungen,[25] sondern forschte nach Ulrichs
Quelle für die auf die Beschreibung der Hundsköpfe folgende
Erzählung von dem axttragenden Cynocephalen (Alex.
25108–25162). Er gelangte zu dem Ergebnis, daß »außer in der
'Alexandreis' dieses Motiv nicht nachweisbar ist« (S. 215).
Daraus zieht er S. 216 den Schluß: »Der Bericht über die
Hundsköpfe in Ulrichs 'Alexandreis' widerspricht Rosenfelds
und Kohlmayers Thesen, nach welchen Ulrich den 'HED' geschrieben haben sollte.« Dagegen sei nur die Doppelfrage gestellt: Was hat die Quelle der 'axttragenden Hundsköpfe' mit
dem beträchtlich später geschriebenen HED zu tun? und: Ist
es einem Dichter verwehrt, nachdem er einen fingierten oder
auch irrtümlichen Quellenhinweis auf einen bekannten Epen-
stoff gemacht hat, diesen später nach genauerer Beschäftigung
mit der Materie in der nun einmal üblichen Weise zu behan-
deln?

Im Zusammenhang dieser Ausgabe soll die Kontroverse
nicht weitergeführt werden. Wichtig für die Edition ist nur
folgendes: Auch wer die These von der Verfasseridentität
nicht akzeptiert, kann nicht leugnen, daß der HED sprachlich
und stilistisch den Werken Ulrichs von Etzenbach, insbesondere dessen 'Alexander', außerordentlich nahesteht. Dazu
sei hier noch auf drei Namen bzw. Namenformen hingewiesen, die so nur im HED und in Ulrichs 'Alexander' vorkommen. HED 3673 heißen die Cyclopen *Cycropides*, eine Namensform, die für ein nicht näher gekennzeichnetes Hilfs-
volk, das sich durch seine Schnelligkeit auszeichnet
(Alex. 3323ff.), im Rachefeldzug Alexanders gegen Theben
mehrfach[26] vorkommt (sonst aber nirgends bezeugt ist[27]). Daß

---

[25] Nicht in Abrede stellen konnte er natürlich die Erwähnung der *cenocephali*
nach Isidors Etymologien XI 3,15 in der Einleitung von Erf. 9.23f.

[26] Alex. 2739, 3320, 3545, 3632, 4666.

[27] Der Name fehlt auch in den vier Kommentaren zu Walter von Châtillon,

sie schon in der Vorlage von g stand, beweist die Form *Tygropides* VA 4152, bei der die bekannte Verwechslung von *t* und *c* im Anlaut der Kleinschreibung zugrundeliegt. Die Übereinstimmung kann kein Zufall sein. Das von W. Grimm zweifellos mit Recht für *graseuwer* V. 1966 konjizierte *Graiure* 'Griechen' findet sich häufig (mindestens 15mal) in Ulrichs 'Alexander'. Das Wort ist von dem poetischen *Grāji*, *Grāi* (Haupt) mit der französischen Endung *-iure* abgeleitet und begegnet sonst nirgends. Schließlich ist die durch den Reim auf *zwei* gesicherte Form *Picmei* (Alex. 25069, HED 4088, 5507) für einen lateinkundigen Dichter (Ausgang *Pygmaei*) höchst auffällig (und von Lateinkenntnis zeugen sowohl Ulrichs 'Alexander' wie HED); auch sie findet sich sonst nirgends, so oft auch die Pygmäen in mhd. Dichtung erwähnt werden.

III. Zur Ausgabe

Die vorliegende Ausgabe will mit möglichst wenig Eingriffen in den Wortlaut der Gothaer Handschrift einen gut lesbaren Text in der Literatursprache des späten 13. Jahrhunderts bieten. Für die Normalisierung war in erster Linie die Reimgrammatik maßgebend (dargestellt in meinen Untersuchungen von 1929, S. 46–127). Sie entspricht im wesentlichen der Form, die meine Ausgabe von Ulrichs von Etzenbach 'Wilhelm von Wenden'[28] zeigt und die in der Hauptsache auch in Toischers Ausgabe von Ulrichs 'Alexander'[29] vorliegt. Nicht alle Ergebnisse der Reimuntersuchung durften in Regeln für die sprachliche Einrichtung umgesetzt werden; so wäre es sicher der Schreibsprache des Originals unangemessen gewesen, Ansätze zur nhd. Monophthongierung, wie sie vereinzelte Reime erkennen lassen, zu verallgemeinern.

---

abgedruckt in: Galteri de Castellione Alexandreis, hg. von Marvin L. Colker, Padua 1978 (Thesaurus Mundi 17).

[28] S. Anm. 24.

[29] Alexander von Ulrich von Eschenbach, hg. von Wendelin Toischer, Tübingen 1888 (BLVSt 183).

XXVI

Eine besondere Schwierigkeit stellte die metrische Regulierung dar. Dem Verfasser des HED scheinen weder fehlende Senkungen noch zweisilbige Senkungen mit relativ schweren Silben als anstößig gegolten zu haben. Die Handschrift g neigt zu Apokope und Synkope von unbetontem *e*, setzt aber gelegentlich, sehr selten, auch unorganisches *e* zu. Das Original muß, wie die Reimuntersuchung gezeigt hat, ebenfalls Apokope und Synkope in größerem Umfang aufgewiesen haben. Obwohl es keinerlei Gewähr dafür gibt, daß die Praxis der Handschrift im einzelnen der des Originals entspricht, schien es bei dieser Situation am besten, die Gestaltung der Verse, soweit wie irgend fürs 13. Jahrhundert vertretbar, an der Handschrift zu orientieren.

Die Abschnittsgliederung folgt im allgemeinen der Handschrift g. Abweichungen sind daran zu erkennen, daß die Gliederung des Herausgebers durch Einrücken angedeutet wird, die Gliederung der Handschrift durch halbfette Anfangsbuchstaben (auch dort, wo die Initialen in der Handschrift vorgesehen, aber nicht ausgeführt sind, was im Apparat vermerkt wird).

Im Lesartenapparat werden die Eingriffe in die Überlieferung nachgewiesen, übernommene Besserungen sind mit dem Namen des Urhebers gekennzeichnet (v. d. H. = von der Hagen 1808; Ahlg. = Ahlgrimm 1890). Nicht nachgewiesen sind im allgemeinen die Umsetzung und Vereinheitlichung der Schreibung und der Wortformen sowie die Vereinheitlichung einiger kleinerer Varianten der Wortbildung (z. B. *minnenclich / minniclich*). Die Nachweise metrisch relevanter Eingriffe gehen weiter als meist üblich. Doch wurden folgende Regulierungen nicht verzeichnet: *gegen, gein* (g nur *gegen, gegin*); *bote* (g *bote, bot*); Dativ *gote* (g *got, god, gote*); *Ernst, Ernest* (g *Ernst,* nur sehr selten *Ernest*); *und, unde* (g *und,* selten *unde*); Ergänzung von auslautendem *e* beim schwachen Präteritum (gelegentlich auch bei anderen Formen) vor vokalischem Anlaut des Folgeworts.

Der zweite Apparat dient dem Vergleich des Wortlauts mit den älteren deutschen Texten, den Fragmenten von A (A I-V, A Marb.), dem Saganer Fragment (Sag.) und dem Klagenfurter Bruchstück, dessen enge Beziehung zu B deutlich ist (Klag.), sowie vor allem dem HEB. Er soll zeigen, wie weit sich alter Wortlaut auch noch in der Umdichtung des späten 13. Jahrhunderts erhalten hat. Es ist daher der Hauptwert auf wörtliche Anklänge, synonyme oder syntaktisch verwandte Formulierung gelegt. Dagegen wurde bloße Motivgleichheit nicht verbucht; das hätte diesen Teil zu sehr anschwellen lassen, um so mehr, als dann auch eine Heranziehung der lateinischen Texte notwendig gewesen wäre, was gänzlich den Rahmen gesprengt hätte. Vielfach erweisen sich ganze Verse als völlig oder nahezu identisch. Wo A und B miteinander vergleichbar sind, zeigt sich A zwar meist als näherstehend, aber öfter ist auch eine Gemeinsamkeit mit B gegen A vorhanden (z. B. für D 3032), die wohl darauf hinweist, daß D einen bereits in gewisser Hinsicht bearbeiteten Text von A als Quelle hatte.

Die Anmerkungen wollen der Erklärung des Textes sowie der Rechtfertigung der vorgenommenen Eingriffe dienen und Vorschläge für weitere Besserungen bringen. Sie verweisen auch öfter auf den alttschechischen 'Vévoda Arnošt', der gelegentlich den Text für den Beginn des 14. Jahrhunderts bestätigen kann. Dagegen mußte der ursprüngliche Plan, die Entlehnungen aus Wolfram nachzuweisen und die Parallelen zu Ulrich von Etzenbach vorzuführen, aus Raumgründen aufgegeben werden. Wo trotzdem auf Ulrich von Etzenbach hingewiesen ist, dient dies der Verdeutlichung ungeläufiger Ausdrucksweisen.

Bibliographie

Ausgaben

von der Hagen = Deutsche Gedichte des Mittelalters, Bd. 1, hg. v. Friedrich Heinrich von der Hagen und Johann Gustav Büsching, Berlin 1808. Teil III: Herzog Ernst des Heinrich von Veldeck, S. 1-64.

Bone = Zwei Bruchstücke mittelhochdeutscher Gedichte (I Aus einem höfischen Epos. II Aus Herzog Ernst D), hg. v. Carl Bone, ZfdA 47 (1904) 421-430, dort S. 426ff.

Bartsch = Herzog Ernst, hg. v. Karl Bartsch, Wien 1869, Nachdruck Hildesheim 1969, dort insbes. S. LIV-LXV und S. 126ff.

Loriš = Sborník hraběte Baworowského, hg. v. Jan Loriš, Praze 1903. Nr. III, S. 18-21 u. 146-300: 'Vévoda Arnošt'.

Literatur

Aus der großen Literatur über 'Herzog Ernst' konnte nur das angeführt werden, was speziell auf 'Herzog Ernst D' Bezug hat. Es wurde chronologisch geordnet.

von der Hagen, s. Ausgaben.

Jacob Grimm, Rez.: von der Hagen, Büsching (Hgg.), Deutsche Gedichte des Mittelalters I, Berlin 1808, Heidelberger Jahrbücher 2 (1809) 148-164, 210-224 u. 249-259, wiederabgedruckt in: ders., Kleinere Schriften, Bd. IV, Berlin 1869, S. 22-52, dort insbes. S. 34ff.

Bernhard J. Docen, Rez.: von der Hagen, Büsching (Hgg.), Deutsche Gedichte des Mittelalters I, Berlin 1808, Allgemeine Zeitschrift von Deutschen für Deutsche 1 (1813) 196-264. II. Herzog Ernst von Baiern, angeblich von Heinr. von Veldeck, S. 231-264.

Moriz Haupt, Herzog Ernst, ZfdA 7 (1849) 270-287.

Bartsch, s. Ausgaben.

Oskar Jänicke, Über die Abfassungszeit der beiden deutschen Gedichte von 'Herzog Ernst', ZfdA 15 (1872) 151-165.

Friedrich Zarncke, Zu den Gedichten vom Herzog Ernst, Beitr. 2 (1876) 576-585.

Wendelin Toischer, Über die Alexandreis Ulrichs von Eschenbach, Sitzungsberichte der Philosophisch-historischen Classe der kaiserlichen Akademie der Wissenschaft Bd. 97 (1880) H. IV-VI, Wien 1881, S. 311-408.

Georg Voss, Die Sage vom Herzog Ernst unter dem Einflusse Wolframs von Eschenbach. Beilage zum Programm des Gymnasiums in Buchsweiler, Colmar 1886.

Elias Steinmeyer, Zum Ernst D, AfdA 15 (1889) 220-222.

Franz Ahlgrimm, Untersuchungen über die Gothaer Handschrift des 'Herzog Ernst', Diss. Kiel 1890.

Artur Fuckel, Der Ernestus des Odo von Magdeburg und sein Verhältnis zu den übrigen älteren Bearbeitungen der Sage vom Herzog Ernst, Diss. Marburg 1895.

Konrad Zwierzina, Mittelhochdeutsche Studien. 8. die e-laute in den reimen der mhd. dichter, ZfdA 44 (1900) 249-316, dort S. 289, und 15. Nachträge, ZfdA 45 (1901) 393-419, dort S. 411.

Loriš, s. Ausgaben.

Bone, s. Ausgaben.

Hans Paul, Ulrich von Eschenbach und seine Alexandreis, Diss. Berlin 1914, S. 159ff.

Karl Sonneborn, Die Gestaltung der Sage vom Herzog Ernst in der altdeutschen Literatur, (Teildr.) Göttingen-Münster 1914, Diss. Göttingen 1915.

Friedrich Repp, Zur Sprache Ulrichs von Eschenbach und Herzog Ernst D, Jahrbuch der Philosophischen Fakultät der Deutschen Universität in Prag 3 (1927) 52-54.

ders., Herzog Ernst D, das Werk Ulrichs von Eschenbach, eine sudetendeutsche Dichtung des 13. Jahrhunderts, Mitteilungen des Vereins für Geschichte der Deutschen in Böhmen 65 (1927) 69-78.

ders., Studien zur mhd. Reimgrammatik, Beitr. 53 (1929) 272-286.

ders., Kritische Bemerkungen zum alttschechischen Vévoda Arnošt, in: Ferdinand Liewehr (Hg.), Tschechische und slowakische Studien, Reichenberg 1930 (Veröffentlichungen der Slavistischen Arbeitsgemeinschaft an der Deutschen Universität in Prag, I. R. H. 7), S. 44-55.

Hans-Friedrich Rosenfeld, Herzog Ernst D und Ulrich von Eschenbach, Leipzig 1929 (Palaestra 164), Nachdruck London-New York 1967.

Hermann Meier, Zum Reimgebrauch im Herzog Ernst D und bei Ulrich von Eschenbach, Diss. Marburg 1930. Rez. v. Hans-Friedrich Rosenfeld, AfdA 49 (1930) 126-129 und Friedrich Maurer, Literaturblatt 51 (1930) 426-431.

Erwin Wendt, Sentimentales in der Deutschen Epik des 13. Jahrhunderts, Diss. Freiburg 1930, Borna-Leipzig 1930.

Gustav Ehrismann, Geschichte der deutschen Literatur bis zum Ausgang des Mittelalters. 2. Teil: Die mittelhochdeutsche Literatur, Schlußband, München 1935, S. 83f.

XXX

Friedrich Repp, Reimwörterbuch zu Ulrich von Eschenbach, Reichenberg 1940 (Prager Deutsche Studien 48), Nachdruck Hildesheim 1974.

Rudolf Wittkower, Marvels of the East. A Study in the History of Monsters, Journal of the Warburg and Courtauld Institute 5 (1942) 159–197.

Hans-Friedrich Rosenfeld, Ulrich von Eschenbach, in: ¹Verfasserlexikon 4, 1953, Sp. 572–582, zum HED Sp. 577–579.

ders.: Herzog Ernst, in: ¹Verfasserlexikon 5, 1955, Sp. 386–406, zum Herzog Ernst D Sp. 398–400.

Esther Ringhandt, Das 'Herzog Ernst'-Epos. Vergleich der deutschen Fassungen A, B, D und F, Diss. (masch.) FU Berlin, 1955, S. 173–282.

Friedrich Repp, Textkritische Untersuchungen zur Überlieferung des Vévoda Arnošt im Codex Baworowský, Zeitschrift für Slawistik 1 (1956) H. 4, S. 41–57 und 2 (1957) H. 1, S. 26–36.

Helmut de Boor, Geschichte der deutschen Literatur. Bd. 3: Die deutsche Literatur im späten Mittelalter. Zerfall und Neubeginn. Teil 1: 1250–1350, München 1962, S. 25 u. 91f.

Max Wehrli, Herzog Ernst, Der Deutschunterricht 20 (1968) H. 2, S. 31–42, wiederabgedruckt in: ders., Formen mittelalterlicher Erzählung, Zürich-Freiburg i. Br. 1969, S. 141–153, und in Walter J. Schröder (Hg.), Spielmannsepik, Darmstadt 1977 (Wege der Forschung 385), S. 436–451.

Manfred W. Hellmann, Fürst, Herrscher und Fürstengemeinschaft. Untersuchungen zu ihrer Bedeutung als politischer Elemente in mittelhochdeutschen Epen. Annolied – Kaiserchronik – Rolandslied – Herzog Ernst – Wolframs 'Willehalm', Celle 1969.

Bernhard Sowinski (Hg.), Herzog Ernst. Ein mittelalterliches Abenteuerbuch, in der mhd. Fassung B nach der Ausgabe von Karl Bartsch mit den Bruchstücken der Fassung A, übersetzt, mit Anmerkungen und einem Nachwort versehen, Stuttgart 1970 (RUB 8352–57).

Uwe Meves, Studien zu König Rother, Herzog Ernst und Grauer Rock (Orendel), Frankfurt/M.-Bern 1976 (Europäische Hochschulschriften 181), S. 188–195. Rez. v. Ferdinand Urbanek, AfdA 90 (1979) 134–139.

Hans-Joachim Behr, Literatur und Politik am Böhmerhof, Ulrich von Etzenbach, 'Herzog Ernst D' und der sogenannte »Anhang« zum 'Alexander', ZfdPh 96 (1977) 410–429.

Christoph Gerhardt, Die Skiapoden in den 'Herzog Ernst'-Dichtungen, Literaturwiss. Jahrb. der Görres-Gesellschaft, NF 18 (1977) 13–78, dort insbes. S. 59–61.

Winfried Baumann, Die Literatur des Mittelalters in Böhmen. Deutsch-lateinisch-tschechische Literatur vom 10. bis zum 15. Jahrhundert, München-Wien 1978 (Veröffentlichungen des Collegium Carolinum 37).

Ulrich Engelen, Die Edelsteine in der deutschen Dichtung des 12. und 13. Jahrhunderts, München 1978.

Bernward Plate, Herzog Ernst (D) als Reichshofrichter, Euphorion 72 (1978) 143–159.

Hans-Joachim Behr, Herzog Ernst. Eine Übersicht über die verschiedenen Textfassungen, Göppingen 1979 (Litterae 62), S. 15–19 und 41–56.

David Blamires, Herzog Ernst and the otherworld voyage. A comparative study, Manchester 1979 (Publications of the Faculty of Arts of the University of Manchester 24). Rez. v. Nigel F. Palmer, AfdA 93 (1982) 162–163.

Claude Lecouteux, 'Herzog Ernst' v. 2164ff. [= HEB]. Das böhmische Volksbuch von Stillfried und Brunswig und die morgenländischen Alexandersagen, ZfdA 108 (1979) 306–322, dort insbes. S. 318.

Rainer Kohlmayer, Formkunst und Politik in den Werken Ulrichs von Etzenbach. Zahlenkomposition und politische Thematik in der 'Alexandreis', im 'Herzog Ernst D', im 'Wilhelm von Wenden' und im »Anhang« der 'Alexandreis', ZfdPh 99 (1980) 355–384.

Wilhelm Störmer, »Spielmannsdichtung« und Geschichte. Die Beispiele 'Herzog Ernst' und 'König Rother', Zeitschr. für bayer. Landesgeschichte 43 (1980) 551–574.

Claude Lecouteux, Kleine Beiträge zum 'Herzog Ernst', ZfdA 110 (1981) 210–221.

ders., Die Kranichschnäbler der 'Herzog Ernst'-Dichtung: eine mögliche Quelle, Euphorion 75 (1981) 100–102.

Hans Szklenar, Hans-Joachim Behr, 'Herzog Ernst', in: ²Verfasserlexikon 3, 1981, Sp. 1170–1191, zum HED Sp. 1181–1182.

Hans-Joachim Behr, Die Rückkehr des Verbannten. Reflexe alter *consors regni*-Vorstellungen im 'Herzog Ernst'?, in: Sprache und Recht. Beiträge zur Kulturgeschichte des Mittelalters, Festschrift für Ruth Schmidt-Wiegand zum 60. Geburtstag, hg. v. Karl Hauck u. a., 2 Bde., Berlin-New York 1986, Bd. 1, S. 43–55.

ders., Literatur als Machtlegitimation. Studien zur Funktion der deutschsprachigen Dichtung am böhmischen Königshof im 13. Jahrhundert, München 1989 (Forschungen zur Geschichte der älteren deutschen Literatur 9), S. 229–234.

Birgit Gansweidt, Der 'Ernestus' des Odo von Magdeburg. Kritische Edition mit Kommentar eines lateinischen Epos aus dem 13. Jahrhundert, München 1989 (Münchener Beiträge zur Mediävistik und Renaissance-Forschung 39), bes. S. 12f. und 17.

Got hêrre, vater Jêsu Krist,   2ʳ
sît dirre werlde fröude ist
ein lêhen und unstæter kouf,
doch gedinge ich an den touf
5 und an die hoffenlîchen wort,
als ich die, hêrre, hân gehôrt
und als man singet unde list
von dir, daz ez geschriben ist:
›swer bitet mich, der wirt gewert
10 von mir, swes er mit flîze gert‹.
der rede wil ich fröuwen mich,
ir fröuwen alle sünder sich.
unglîch sint doch der werlde barn,
mit fremden siten underfarn:
15 sich flîzet der guote an triuwe,
sô wirbet nâch sünden umb riuwe
der wîse, swenn ez sô ergât,
daz er sich versûmet hât
und vergezzen gegen gote;
20 so ist daz gebet ein süezer bote,
daz der mensche mit triuwen tuot,   2ᵛ
ze himel und ist vür sünde guot.
der biderbe wirbet umb êre
nâch werdes herzen lêre;
25 er hœret gerne, waz man saget
von guoten dingen; des verzaget
ein velschlîch gemüete:
von rehter ungüete
sô trüebt im sêre daz den muot,
30 daz der biderbe êre tuot,
oder ob im êre geschiht,
daz kan er erlîden niht.
dâ felschlîch herze under brust

---

2 sint *(so meist, vgl. Anm.)*   **12** freuet, *über dem* t *war eine jetzt abgekratzte Farbschicht, auf der sich nach v.d.H. ein* n *befand*

25-27 *B 11* swaz man von heldes nœten saget. / die sint an wirdekeit verzaget.

wont in falscher unkust,
35 daz wil lôsen unde triegen
und ûf die werden liegen
ûf der schaden und ûf sînen fromen;
daz ist dicke vernomen.
frou Sælde müez in sîn gehaz,
40 frou Minne an in gewerde laz,
alsô daz nimmer werdez wîp
iren valschaften lîp
minneclîch umbfâhe   3ʳ
noch mit kusse zuo in gâhe!
45 wîplîcher fröuden stiure
müez in wesen tiure
umb ir falsche lôsheit!
swes wîplîche wirdikeit
umb sîn schande niht enruochet,
50 dem ist zemâl verfluochet.
   Die guoter rede kan gezemen,
die mügen gerne hie vernemen,
als ich an disem buoche sage,
beide fröude unde klage,
55 beide verlust und gewin,
als ich der rede berihtet bin
und sie in eime buoche las:
in Beiern ein herzoge was,
des herze ie nâch prîse warp
60 biz an die zît, daz er starp.
der liez ein wîp nâch wîbes siten
mit wîbes tugent undersniten,
mit triuwen wol gezieret,   3ᵛ
ûf wîplîch prîs gefieret,
65 bedâcht ûf alle wirdikeit –

falsche fuore was ir leit –
kiusch und êrbære
und ze gote gar gewære.
nâch tôde sie gedâhte
70 ires hêrren, daz sie brâhte
sît an hôhe wirdikeit;
die herzoginne hiez Adelheit.
die lanthêrren und ir man
wârn ir mit dienste undertân
75 ûf getriuwelîchen sin.
der herzoge het der herzogîn
gelâzen einen werden knaben,
von dem diz buoch ist erhaben.
der in tugenden missewende flôch,
80 die muoter in mit flîze zôch.
er was schœn und wolgezogen,
fürstlîcher art niht betrogen,
nâch fürstlîcher wirde
was sîn herze in stæter girde.
85   Herzoge Ernst ist er genant.
beide liute unde lant,
grâven, ritter und sîne man,
swaz im sîn vater het gelân,
daz hielt der junge rîche
90 wol und wirdiclîche.
tugent in niht bevilte,
mit tugend gienc er milte,
er hielt sich ze den besten.
den kunden und den gesten
95 sîn gâbe was gemeine,
gewant, ors, gesteine,

4^r

87 *Ahlg. tilgt* sine

86-88 *B 62* er (sîn vater *60*) liez im mit den erben sîn / ze dierste manigen
guoten kneht.   **88-90** *B 44* manlîch hielt der jungelinc / diu erbe, diu im sîn
vater liez.   **92** *B 88* er was in diemuote / getriuwe unde milde.   **95-98** *B 151*
er gap in schatz und gewant. / mit sîner willigen hant / machte er im die werlt
holt. / er ensparte silber noch daz golt.

beide silber unde golt
des gap er vil, man was im holt.
er verlôs sît âne schulde
100   des rœmischen vogtes hulde,
dâvon der hêrre wart vertriben,
als von dem jungen ist geschriben
in den schopfbuochen,
wie er sît muoste suochen
105   fremde lant und ellende.
der edele junge genende
kumber unde arbeit
mit sîner ritterschaft erleit.
die tugentrîche Adelheit
110   vil kost het an ir sun geleit,
ze schuole het sie in gesant
in Frankrîch und in Kriechenlant.
die buoch het der hêrre
gelernet, des volget im êre.
115   ouch het der Adelheide barn
in tugenden lande vil erfarn;
des kunde er wol gebâren.
in kintlîchen jâren
volgte im rehter wirde site;
120   daz wonte im sît in alder mite.
    Nu vernemt, wie der fürste wart
âne schulde ûf der sorgen vart
von sînem lande vertriben,
als in der krôniken stât geschriben!
125   ez wârn der schœnen Adelheit
tugent mit schalle worden breit,
dâmit sie herze und gedanc
des hœhsten fürsten an sich twanc,

---

102 Also   **103** schep buchen   **105** enelende   **127** *Ahlg.*] hertzen

111-116 *B 72ff.* ouch sande sie daz kindelîn / durch zuht ze Kriechen in daz
lant. / ... *(78)* des wuohs vil hôch sîn êre / ... *(81)* daz er versuochte fremdiu
lant. / des wart er wîten erkant.

des er muot und sinne
130 wante an ir minne,
     sît daz sîn wîp erstorben was,
     von der ich michel güete las
     unde manger hande tugent,
     der sie in alder und in jugent
135 gein gote und gein der werlde pflac
     biz ûf den sæliclîchen tac,

     . . . .

     . . . .

        Dô von Beiern die reine art
     twanc ûf ritterlîche vart
     sîn lûterlîch gemüete,
140 daran wante ir güete
     die ûzerwelte Adelheit;
     ir kindes wirde was sie gemeit,
     sie sande im ze sîner ritterschaft
     grôzes hordes michel kraft,
145 golt, silber und gewant
     in die kriechischen lant,
     dâ im vil êren widerfuor,
     als mir die âventiure swuor,
     und grâven Wetzel, sînem man,
150 der was im mit triuwen undertân,
     dâ sie ze ritter machte,
     dem frou Êre ouch lachte,
     von Kriechen der keiser,
     des lop was ninder heiser.
155 von sîner wirde krefte
     ze êren der ritterschefte
     und durch fürstlîchen ruom

136/37 *in der Hs. keine Lücke*   137 ⟨D⟩as, *Absatzinitiale nicht ausgeführt,
Absatz getilgt von v.d.H.*   144 *Ahlg.*] Grosse   153 *der v.d.H.*] dem

141f. *B 159* diu herzoginne Adelheit / was des frô und ouch gemeit, / daz ...
daz kint ... / und sô gar für unbetrogen / was gelobt übr alliu lant.
147-151 *B 118ff.* dô nam der edel wî- gant / mit grôzen êren daz swert / und
... *(B 121)* / grâve Wetzel sîn man ... *(126)* des muose erm immer mêre /
leisten triuwe und wârheit.   157 *B 167* durch ir tugentlîchen ruom *(Zusammenhang anders)*.

gap er im ein herzogtuom,
grâven Wetzeln er ouch wol beriet.
160 vrœlîch herzog Ernest schiet
von dem keiser heim ze lande
mit Wetzeln dem wîgande.
frou Adelheit ir vil fröuden jach,
daz man in solcher wirde sach
165 iren sun und in sô fester tugent,
die er erworben het in jugent.
. . . .
. . . .
»uns allen und dem rîche.
sie hât sich sô êrlîche
nâch ires wirtes tôde gehalden,
170 ir müget gern mit ir alden.«
der keiser wart frô und gemeit,
dô er an die schœnen Adelheit
die fürsten râten hôrte:
»iur getriuwelîchen worte
175 mit helfe âne wanken
sol ich iu immer danken.«
sie mohten im lîhte gerâten dar,
in hete die reine frouwe klâr
180 sô gar an sich getwungen.
179 einen werden fürsten jungen
er ze der frouwen sande,
als ir liebe in des ermande.
daz schreip er selbe an einen brief.
in ir gnâde er sich berief
185 und in ir helfe ze næhst nâch gote.

6^r

166/67 *in der Hs. fehlen mindestens zwei Blätter = ca. 80 Verse*   **173** hort
174 Vwer getruwenlichen wort   **179/80** *umgestellt nach Bartsch zu B 322*
185 hulff

168f. *B 298* sie hæte sich in ir jugent / vil wünneclîche her behuot.   **171f.** *Vgl.*
zu 141f.   **171-173** *B 313* dô der keiser ir rede vernam, / der rât ime wol
gezam.   **180f.** *B 322* einn fürsten, der im dar zuo tohte, / er mit dem brieve
sande.   **183** *B 318* mit sîn selbes hant er schreip / einen brief . . .

ûf den wec huop sich der bote.

6^r

   Alsô er ze Beiern quam;
dâ er die herzogîn vernam,
dar huop er sich, für sie er gienc,
190 die frouwe in zühticlîchen enpfienc;
sie bat in zuo ir sitzen.
der bote sprach mit witzen:
»mich hât der keiser her gesant,
als in des iuwer wirde mant,
195 sînen dienst hiez er iu sagen.«
dô wurden kleinote dar getragen,
daran man mohte rîcheit schouwen;
die gap er der frouwen.
den brief sie mit zühten nam,
200 als ir wirdikeit wol zam.
frou Adelheit die reine fruht
dem keiser neic und sprach mit zuht:
»mînem hêrren ich danke, von êrste gote
und ouch iu, hêrlîcher bote.
205 mîn hêrre mich armen frouwen
in sînem dienste schouwen
ze allen zîten willic sol;
mir gnüeget an sînen hulden wol.«
   »Edele küniginne hêr,«
210 sprach er, »nu lât iu sagen mêr,
waz iu mîn hêrre enboten hât,
ez ist ouch al der fürsten rât:
nâch minne ze lône
biutet er iu des rîches krône.
215 dâ sît ir, frouwe, zuo erwelt

---

188 hertzogynne   **195** Sein   **201** Vrawe   **203** Mynen   **204** uch auch

187-190 *B 324ff.* gên Beiern zuo dem lande ... *(326)* dô der helt hin kam / und mit dem brieve vür gienc, / diu frouwe in harte wol empfienc.   **192-194** *B 330* der helt dô mit muoze / der frouwen redelîch sagete, / als ir enboten habete / von Rôme der keiser rîche, / der ir sô friuntlîche / den brief hâte dar gesant (: gemant).   **199-202** *B 342* diu frowe dô zühteclîche tete; / sie neic, dô sie den brief nam.   **210f.** *B 331* ... sagete, / als (waz *b*) ir enboten habete / von Rôme der keiser rîche.

7

und ze frouwen uns gezelt.
daz machet iuwer wirdikeit.«
dô sprach die schœne Adelheit:
»al die mîn êre gerne sehen,
220 den müeze Got immer sælde jehen!«
die herzoginne den brief besach,
der ir süezer rede jach.
  Dâ stuont an: »Got grüeze dich, sælec wîp,
dîne tugende mînen frîen lîp
225 habent brâht ze dînem gebote,
du bist aleine mir nâch gote,
frouwe, für al die werlt wert.
mîn herze dîner wirde gert,
ouch jâmert mîne sinne
230 stark nâch dîner minne,
du liep vor allem liebe mir.
mîn herze hâstu dâ bî dir,
du mîner fröuden blüendez heil.
mîn muot ist dîner wirde geil;
235 ân dich wolde ich niht genesen,
du solt mîn fröude immer wesen,
du mînes herzen sundertrût.
du solt mîn erwelte brût
immer vor allen wîben sîn.
240 Adelheit, süeze künigîn,
waz dir der brief mit bete sage,
daz merke und wende mîn klage!
ich hân ze frouwen dich gesworn,
ouch hânt die fürsten dich erkorn
245 und dich ze frouwen erwelet mir.
volende mînes herzen gir
und schaffe sô, daz frœlîch leben
wir beide einander müezen geben,

7^r

8^r

220 muß *(mit roten Punkten)*   225 gebot   227 alle   229 iamernt
237 *v.d.H.*] myner   244 haben

241f. *B 357ff.* daz du ... / *(359)* merkest waz ez diute.

8

helfe und minniclîchen rât.
250 wol daz dîner wirde stât,
daz du des rîches krône tragest
und mir mîn bete niht versagest.«
    Dô die herzogîn gelas,
waz an dem brieve geschriben was,
255 ir wîplîche güete
und ir lûterlîch gemüete
begunde sie ze sorgen twingen,
ir zuht mit schame ringen.
der bote frâgete sâ ze stete,
260 wes sie sich versunnen hete,
er ensûmt sich an der rede niht.
dô sprach die herzoginne lieht:
»ich wil besenden mînen sun,
swaz mir der ræt, daz wil ich tuon.
265 geruochet mîn hie beiten!«
dô hiez sie sich bereiten
einen boten und sande in hin.
die wol bedâhte herzogîn
hiez des boten pflegen wol,
270 als man boten pflegen sol,
die dâ werben liebe boteschaft.
sie vermohtez wol und hetes kraft.
    Dô ez herzog Ernst vernam,
daz ein bote von der muoter quam,
275 und er im die mære geseit,
frœlîch er zer muoter reit,
die oft an heimlîcher stat
mit flîze den süezen schepfer bat,
daz er sie bewîste
280 des besten. die geprîste
iren sun heimlîchen nam,

8^r

---

249 Hilff   **265** hie tzu b.

251f. *B 341* ob ir leistet des rîches bete.   **263f.** *B 402ff.* nâch ir sune sie sande
sân / . . . *(406)* sie solde billîche / dar über sînen rât hân.

dô er ze heimôte quam;
sie berihte in der mære,
als ir enboten wære.

285 dô er sîner muoter wort
alzemâle het gehôrt,
als sie in mit flîze bat,
daz er ir wolde geben rât,
er wart frô unde gienc

290 ze dem fürsten, den er enpfienc,
der im grôze gnâde sprach
und im des keisers worte jach
und bat in, daz er wolde sîn
sîn helfer ze der herzogîn.

295 dô sprach der Adelheiden sun,
er woldez williclîchen tuon.

Er nam den boten bî der hant
und fuorte in, dâ er die muoter fant,
die in vil lieplîch anesach.

300 der herzoge ze der muoter sprach:
»sît der rât ist an mich lân,
frouwe, guot reht ich des hân,
daz ir mir gevallet wol;
billîchen ich iuch loben sol.

305 ir sît noch junc, ein wætlîch wîp,
ir mügt wol werdes fürsten lîp
mit lieplîchen dingen
ze hôhen fröuden bringen.
ouch spriche ich offenbâre daz,

310 ich gan iu vor allen frouwen baz
der êren, daz ir die krône traget,
ich enruoche, wer ez andern saget.
muoter, ir wært wol mannes wert;
sît mîn hêrre iuwer gert,

---

286 al tzumal   **289** gie   **290** enphie   **312** wers dem andern

296 *B 425* daz ir ez willeclîchen tuot *(Zusammenhang anders).*   **298** *B 409* dâ
er sîne muoter vant (: alzehant).   **314** *B 418* daz er iwer ze wîbe gert (: wert).

10

315 sô lobet ir in von schulden
     und werbet nâch sînen hulden!«
     dô sprach die herzoginne
     mit lûterlîchem sinne:
     »ich lobe in hiute hie vor gote,
320 des sult ir sîn gewisser bote,
     ouch wil ich iu des brieve geben.
     swie er wil, sô wil ich leben.«
        Der bote sprach: »sô wol mich wart
     dirre sæliclîchen vart,
325 nu var ich frô ze lande!
     mangem wîgande
     füere ich liebe mære,   10ʳ
     ouch sol des keisers swære
     komen in hôher fröuden kraft
330 von der lieben boteschaft.«
     der bote was ein zühtic man,
     er wart wol von dannen lân.
     die herzogîn dem keiser schreip,
     daz in ze hôhem muote treip.
335 den fürsten allen glîche
     die süeze tugende rîche,
     die wol bedâhte Adelheit,
     irn gruoz und vil genâden seit,
     daz sie ir heten wol gedâht.
340 dô dem keiser wart die botschaft brâht
     und den hêrren überal,
     dô huop sich fröuden rîcher schal.
     der keiser den brief selber las,
     daran alsus geschriben was:
345   »Gnâde ich mînem hêrren sage
     und dem sæliclîchen tage
     und ouch der lieben stunde,   10ᵛ

330 botschafft   338 v.d.H.] viln gnaden   340 die botschaft wart bracht
346 Vnd auch

335 B 371 die fürsten al gelîche (: rîche).

dô der süeze got begunde,
daz er von sîner güete
350 iuwer wirdiclîch gemüete
gein mir armen wîbe brâhte.
vil sælden er mir gedâhte.
mîn bete ich, hêrre, bringe,
an iuwer zuht ich gedinge,
355 ob mîn tôrheit daz gezeche,
daz ich, hêrre, mich verspreche,
daz mir daz âne vâre stê.«
der brief sagte dennoch mê:
»al eine nâch dem hœhsten got
360 sô wil ich, hêrre, iuwer gebot
leisten und gar bestên
und daz nimmer übergên.
alsus sît ir der hœhste mir.
hêrre, nu bin ich iuwer zwir,
365 sît ich iuwer brief gelas:
vor ich mit dienste iuwer was,
nu hân ich herze unde sin
und daz frî gemüete mîn
und den lîp in iuwer gebot gegeben.
370 swie ir welt, sô wil ich leben;
mîn gemüete wil ich kêren
iuwer wirdikeit ze êren
und iuwer gebot gerne tragen.
mîn tûsent möhten niht volsagen,
375 wie mîn herze an iuwer wirde gert.
mînen sinnen sît ir wert
hôch über al der werlde wirdikeit.
swenn ir welt, ich bin bereit,
daz ich iu gerne komen wil,
380 als iuwer schrift mir saget daz zil
und mir mîn sun gerâten hât,
der ouch ze iuwerm gebote stât.«

Der keiser an sîn herze twanc
den brief und sagte got des danc
385 und ouch dem fürsten, der in brâhte.
vil wol er den bedâhte,
er was im fürbaz mêre holt   11ᵛ
und gap im silber unde golt,
rîchen gelt er im lêch,
390 nihtes fürbaz er in verzêch.
ouch bat der muotes rîche
die fürsten al gelîche,
grâven und des rîches man,
swaz er der mohte bî im hân,
395 daz sie durch triuwe und wirdikeit
liezen an in ir rîcheit

. . . .

. . . .

die ritter bî den frouwen.
man mohte dâ umbe schouwen
an manigen frouwen lieht gevar
400 reide löckel, wengel klâr.
man sach dâ wirdikeite vil
und aller hande seitenspil,
videln, harfen, rotten,
zühticlîchen spotten,
405 mit den rittern sunder lôsen
die frouwen suoze kôsen.
ir lôslîche blicke   12ʳ
wurfen vil minnestricke,
als noch hiute möhte geschehen,
410 swâ ritter schœne frouwen sehen.
Die hôchzît mit rîcheit wart zuobrâht,

387 mer 390 Nites 392 alle gliche 395 vnd durch wirdikeit 396/97 *in
der Hs. keine Lücke* 398 vmb 400 Rede 405 sundern 407 Ire
408 minnen stricke 409f. geschen : sehen

392 *s. zu* 335. 397f. *Sag. 15* hin nah der vrowen / do mohte man schowen /
manigen riter gemeit. 401f. *B 489* und maniger hande seitspil, / dâ was
kurzwîle vil. 411–13 *B 495* wart nie schœner hôchgezît / gesehen weder ê
noch sît.

ich wæne, daz iemen habe gedâht,
daz er rîcher habe gesehen.
als dâ urloubes wart verjehen,
415 die fürsten zugen ze lande.
Ernste dem wîgande
keiser Otto ez wol erbôt
und bî im gestên in aller nôt;
der ouch ze lande kêrte.
420 des keisers fröude sich mêrte
mit liebe und mit minne
an der werden küniginne;
die hete tugentlîchen lîp.
gewan ie fürste lieber wîp,
425 dem ez frou Sælde wolde,
waz der fröuden dolde!
der küneginne sinne   *12'*
ûf zweier hande minne
krefticlîchen wâren behuot:
430 gein gote het sie stæten muot,
ires hêrren sie mit liebe pflac,
beide naht unde tac
was sie triuwen im bereit
mit minne, die schœne Adelheit.
435 sus lebtens lieplîche
und wâren fröuden rîche.
Der werde keiser sande
nâch Ernste dem wîgande.
als er die boteschaft vernam,
440 dem keiser er ungesûmet quam,

---

416 Ernst   **418** gestehin   **424** ie *v.d.H.*] ir; liebes   **425** frauwe
439 botschaft

414f. *B 513* die fürsten sunder kâmen, / dâ se urloup von im nâmen. *Sag. 44*
und namen urlop.   **415f.** *B 499* landen : wîganden.   **420** *B 525ff.* sie kunde
im freude mêren / . . . *(527)* der edelen küniginne. / durch ir vil edelen minne
(: lîp : wîp).   **435f.** *B 553* sie lebten wünneclîche (: rîche), *u. B 547* sie hâten
freude âne nît.   **437f.** *B 558* der künic dô boten sande / nâch Ernest dem
herzogen.   **440** *B 572* mit den er hêrlîche kam (: nam).

der in lieplîchen enpfienc;
dô er mit dem werden gienc,
frou Adelheit des niht enlie,
iren sun sie frœlîchen enpfie.
445 dô dankte ir zühticlîche
der junge ellens rîche;
ze Oppenheim diz geschach.   *13ʳ*
der keiser ze dem jungen sprach:
»dîn triuwe hât mich darzuo brâht,
450 ich hân vil êren dir gedâht
und wil dir stæte helfe tuon,
ich wil dich haben als mînen sun.
die fürsten râten ouch daz mir,
daz ich des bevelhe dir,
455 daz du gerihtes sullest pflegen
nâch irem râte an allen wegen
und des rîches êre pflihten
und dich mir des ze dienste rihten.
ich hân sô lieplîch dich erkorn,
460 als ob du von mir sîst geborn.«
     Dô sprach Ernst der junge man:
»hêrre, des sult ir mich erlân!
mit urloube ich daz sprechen wil,
ir habt werder fürsten vil,
465 die daz baz berihten mügen
und baz ze diesen dingen tügen,
ez enist niht kinder noch tôren amt.«   *13ᵛ*
dô sprâchen die fürsten allesamt:
»hêr herzoge, die widerrede lât,
470 des mac sîn dehein rât,
unser hêrre hât iuch darzuo erkorn,

---

443 Vrauwe   455 gerichts   460 *v.d.H.*] Al ab   467 k. nach t.   **469** Herre
470 dehein] kein   471 *v.d.H.*] erborn

441-44 *B 574ff.* dô enpfienc er wol den wîgant, ... *(576)* alsam tet diu künigîn / in frôlîchem muote.   450/52 *Sag. 61* als sin eigenes kint / hielt er den
herren / er half ouch siner eren; *B 584* ich wil dich zeime sune hân *u. B 610* als
ein einigez kint / behielt er den vil hêren. / er schônde ouch sîner êren.

ouch hân wir alle im des gesworn,
wir wellen iu des rehten volgen
und darûf helfen unerbolgen.«
475 dô sprach der ellens rîche:
»sît ez iu gemeinlîche
gevellet und mînem hêrren wol,
iuwer gebot ich gerne erfüllen sol.«
dô nam der junge sâzehant
480 ûf reht gelübde der fürsten hant.
dô hielt er sich menlîche,
gar reht und redelîche.
kein guot er vür reht nam,
dô manigen grîfen machte er zam.
485 des lobten in die guoten,
aber die unrein gemuoten
truogen im darumbe haz.
vil kleine er daz widersaz.
ez wolde der hêrre mære
490 wesen reht rihtære.
ez ruorte den hêrren oder den kneht,
sîner dinge was er sleht.
im wâren die getriuwen holt,
swaz er gebôt oder wolt,
495 des leisten sie vil, swaz er gesprach.
der keiser im grôzer liebe jach,
darzuo arm und rîche
im wunschten wol gelîche.
im wâren die fürsten undertân,
500 als ob sie alle sîne man
und in angeboren wæren.
Daz begunde einen fürsten swæren,

14^r

472 haben   477 v.d.H.] mynen   480 glubde   487 darumb   490 v.d.H.]
Wesent recht recht r.   501 angeborn

496 A I 14 ime was de kuning vil gût / ind dede ime lîves gnûg; Sag. 80 der
keiser was im gvt / vnd tet im libes gnъc; B 635 der künic im holden willen
truoc / und tete im liebes genuoc.   499 A I 46 ime sint die vursten alle holt =
Sag. 112, B 688 die fürsten sint im alle holt.   502 B 646 daz begunde leiden /
einem Heinrîche.

16

den des sîn unfuoge twanc,
daz sîn muot mit unwirde ranc.
505 im was von ganzen sinnen leit,
daz er sô vil wirdikeit
von herzog Ernsten hôrte sagen;
daz enkunde sîn ärge niht vertragen.
ob ich die wârheit sprechen sol,
510 sô zimt daz allen herzen wol,
die dâ wesen sô versunnen,
daz die den werden gunnen
wirdikeit und êren
und in daz niht verkêren,
515 ob ir lop mit schalle var
durch ir tugentlîch gebâr.
getriuwe herzen gedenken daz
under zwein reden, welhe füege baz.
dirre saget: »der man ist guot«,
520 der ander sprichet: »schalkes muot
kan ich an einem manne spehen,
got müeze im bezzerunge jehen!«
er ist guot, daz ist ein süezes wort,
er wirt guot, daz ist ein überhort.
525   Einez muoz ich swære tragen,
daz ich die unfuoge muoz sagen,
die der pfalzgrâve begienc,
daz in doch lützel verfienc.
in sînen muot er daz nam,
530 Ernsten wolde er wesen gram,
ûf allez sîn verderben
sînen schaden werben.
Heinrîch vür den keiser trat,
durch sînen dienst er in bat,

14ᵛ

15ʳ

---

510 tzempt   515 Vnd ab   518 welchs   520 spricht   523 susse

505 *B 668* daz was im leit unde zorn.   530 *A I 36* dat her ime van herzen
worde gram; *B 665* daz er im von herzen (v. h. *fehlt b)* wurde gram.
533 *A I 40* do begunde de ungetrûwe man / bit listen vor den kuning gân; *B*
weicht ab.

535 daz er sîn rede hôrte
    und gloubte sîner worte.
    er solde ez wol von rehte tuon,
    er wære sîner swester sun,
    daz er daran gedæhte
540 und in von sorgen bræhte,
    dâmit er sêre wær verladen
    ûf lîbes sêr, ûf mortlîch schaden.
       Dô sprach der künic: »sage mir,
    lieber friunt, waz wirret dir?«
545 »Mit sorgen bin ich überladen,
    ez wil starke iuwern schaden
    ûf ein reht verderben
    mit flîze ein man werben.
    er trahtet ouch vil sêre
550 ûf alle iuwer êre,
    darzuo, hêrre, ûf den lîp.
    sult ir erarnen sô daz wîp,
    sô wirt iu ir minne al ze sûr
    und ist vergolden al ze tûr.«
555 der keiser sprach: »nu sage mir daz,
    wer treit mir sô grôzen haz?«
    der pfalzgrâve sprach: »daz wil ich tuon:
    ez ist iuwer stiefsun.
    daz ich iuch niht entriuge,
560 ich hæte sîn wol geziuge,
    ob mir des nôt wære.
    ouwê mir dirre swære!
    diz ist ein michel ungemach.«
    der keiser ze Heinrîchen sprach:
565 »ich hân ze allen stunden

15'

---

541 was   **546** starch   **552** *v.d.H.*] erannen   **553** *v.d.H.*] altzu swer
554 tuer   **557** pflatzgraff   **560** hett

549f. *B 700* daz er dir ane gewinne / dîn erbe und al dîn êre.   **565f.** *B 726* er
ist getriuwe unde guot, *u. B 730* [er hât] gedienet sô willeclîche / mit triuwen
unz an disen tac.

18

triuwe an im funden,
alsô daz er sich nie vergaz.
du sagest diz ûf in durch haz;   *16ʳ*
solde ich dir der rede glouben,
570 sô müeste ich mich sinne rouben.«
Heinrîch zornlîchen sprach:
»den getriuwen daz ie von iu geschach,
die iuch schaden wolden warnen,
die muosten ez sus arnen
575 und lîden von iu strâfen.
die bœsen künt ir zâfen,
die ie falscheit gein iu worhten.
und tuot ir daz vor forhten,
sô habt ir einen kranken muot.«
580 der keiser sprach: »ez ist dir guot,
du solt gâhens von mir gên!«
alsus bleip die rede stên.
mit der rede schieden sich
der keiser unde Heinrîch.
585   Ernst der falsches eine
hierumbe wiste kleine,
daz Heinrîch nâch sînem schaden ranc.
darnâch was enbor lanc,
nu hœret, waz der arge tete: *16ᵛ*
590 einen man er besprochen hete,
der die selben mære,
als im niht ze wizzen wære,
ûf herzogen Ernsten sprach,
als Heinrîch im dâvor verjach.
595 der keiser sie im niht wol verfienc.
darnâch über lange gienc

570 *v.d.H.*] sinnen reuwen   575 lident   586 hieumb   589 tet
590 besprochen *Ahlg.*] bespochet, *Lexer, Mhd. HWb. 1,222,* schlägt bespæhet
vor; het   593 herzogen Ernsten] Ernsten die selben rede   594 dâvor] da
596 lang erging

568 *B 722* ez ist durch nît ûf in geleit (: geseit) / und durch vil ur-gefüegen haz.
569 *B 718* er (der keiser) sprach: »wie kan ich noch mac / dir gelouben solher
mære.   573 *B 705* der bat ... / daz ich warnete dich.

Heinrîch zuo im aber sân
und sagte ûf den werden man.
er sprach: »alle mîne tage
600 hât ir mich an wârer sage
genzlîchen funden;
nie ze deheinen stunden
sô ist felschlîchez wort
von mînem munde gehôrt.
605 wie solde daz mînem namen zemen?
ouch wolde ich mich des immer schemen,
solde ich mich alsô rechen
und lügelîchen sprechen
ûf iemen, dem ich trüege haz.
610 ich bin der lide niht ze laz,
ich entorste ez anders widertuon.
sît daz ir iuwerm stiefsun
baz dan mir welt getriuwen,
daz mac iuch wol beriuwen;
615 daz klage ich danne, als ich sol.
wan ez geschiht, daz weiz ich wol,
daz ich sîn verderbet bin.
dâmit lâ wir die rede hin!«
    Dô Heinrîch sô ernstlîchen sprach
620 ûf Ernst, der keiser an in jach,
in begunde stark der zwîvel jagen;
er sprach: »daz muoz ich immer klagen
und daz tugenthafte wîp,
die iren wol gemuoten lîp
625 ze jâmer beginnet twingen;
von sus getânen dingen
befæht sie ganze riuwe.
sie ist doch alsô getriuwe

---

606 des immer *Ahlg.*] desda myner *g,* des da immer *v.d.H.*   **611** *v.d.H.*] Lehin
torst   **612** üwern   **620** ernsten

600f. *B 758* ich bin ouch sô wârhaft / dem rîche und iu, herre, gewesen.
607f. *B 676* unde sagte im alzehant / ein lügenlîche mære.

und treit solhe liebe mir,
630 ob ich ez lieze zuo ir,
den sun sie lieber verlür,
dan sie an mîn sterben kür.«
er sprach: »nu râtet, waz mir tüge,
wie ich hiezuo gebâren müge!
635 daz ich des niemen triuge,
ouch hân ich des geziuge
got, dem niht verborgen ist,
daz ich in sunder falschen list
het von allem herzen liep.
640 sît er mir verholn als ein diep
mînes lîbes vâret,
dem glîche doch niht gebâret,
kan er daz, er kan noch mê.
im sol darumb geschehen wê;
645 sîn verderben daz wil ich
ahten.« dô sprach Heinrîch:
»Wir haben alle im gesworn,
dô er nâch iu wart erkorn,
die fürsten halden sich an in.

650 die besendet und saget in,
ez sî dem rîche swære
haben zwêne rihtære.
ob ez in gevalle
und ob siez râten alle,
655 ir wellet Ernsten setzen abe.
als ich in den sinnen habe,
sie verkêrent iuwers willen niht.
alsô schiere daz geschiht,
daz er muoz die voitîe lâzen,
660 sô ist er mir ze mâzen.
dô werden wir unser eide
von im ledec sunder leide:
turnei unde ritterschaft

---

632 Wenn   642 glich noch *g, Ahlg. ergänzt* er; nich¹   644 geschen
646 dô] so   652 tzwene   659 er *Ahlg.*] es; vogeteie   661 Da

begint er von übermuotes kraft
665 in fremde lant geruochen;
sô wil ich in dâheime suochen,
sîne lant mit roube grîfen an.
lîhet mir ein teil iuwer man,
darzuo sitzet stille ir, *18'*
670 geschiht sîn nôt, sô helfet mir!«
alsô der pfalzgrâve sprach.
nâch sînem willen daz geschach.
    Dô wurden brieve gesant
nâch den fürsten in die lant.
675 als die ze hove wâren komen
und Ernst die voitîe wart genomen,
ez was im liep, der helt gemeit
frœlîchen hin ze lande reit:
er ahte sîn niht umb ein ei,
680 er hielt sich an den turnei.
der edele fürste küene und wîs
warp umb ritterlîchen prîs,
als er dâvor was gewon.
dâ het er gar lâzen von,
685 wande ez im unmuoze nam.
er gap, als sîner milte zam,
des twanc in art und sîn lust.
vil waldes wart ûf sîner brust
an rîcher tjost verswendet. *19'*
690 maniger sîn leben endet
an der tjost von sîner krefte.
des fuor in ritterschefte
der werden Adelheiden barn.
    Sît dô der hêrre was gefarn,
695 als sîn ellen des geruochte,
und einen turnei suochte,
der dô niht verre was geleget,
nu het der keiser erweget

---

664 begynnet   671 Als; pflatzgraue   679 acht   681f. wise : prise   685 ez]
er   687 yn sin art   695 ellend   697 dô] doch

22

vil ritter und mangen werden man;
700 die hiez er wesen undertân
dem pfalzgrâven von dem Rîne.
bereit wâren ouch die sîne,
vil volkes er ze îser hete.
nu hœret, waz der falsche tete!
705 einen boten er sande,
der Ernste dem wîgande
von im entsagen solde,
daz er im schaden wolde.
der bote snelle nâch im jeit,
710 ûf sîner slage er nâch im reit.
    Dô der bote quam gerant
und des fürsten niht enfant,
dem vitztuom sagte er mære,
daz der pfalzgrâve wære
715 sînes hêrren und des landes vînt
»und der, die sîne helfer sint«.
ê man die brieve gelas,
Heinrîch an dem gemerke was.
er stifte roup unde brant,
720 vaste wuoste er daz lant,
dâ die Ôsterfranken wâren,
die bî den selben jâren
hôrten ze Beierlande
und dienden dem wîgande.
725 (den kreiz vür sîne missetât
ze Wirzburc gegebet hât
und durch den himelischen ruom
Ernest ze dem bistuom.
der also gein gote werben kan,

19ᵛ

20ʳ

711 ⟨D⟩o, *Absatzinitiale nicht ausgeführt*   716 sîne] sein   717 Er
718 *v.d.H.*] gewercke   726 wurtzburg   728 bischtum

718f. *B 905ff.* mit roube und mit brande *(= B 860) /* in des herzogen lande /
... *(908)* daz lant er vaste herte.   719 *B 1678* er stifte roup unde brant *(an
späterer Stelle).*

730   den zel ich vür einen wîsen man,
daz er verdienet daz wâre leben
mit habe, die im got hât gegeben.)
    Heinrîch grôzen mort begienc,
daz volc er sluoc unde vienc.
735   ungewarnt was er an sie komen,
als ich die rede hân vernomen.
drîe bürge er gewan.
er fienc dâvon die werden man
und nam, swaz er darûf fant.
740   die bürge besatzte er zehant
und stiez des rîches vanen ûf.
nu was diz ein gemeiner ruof
gein den armen und den rîchen,
daz sie dienestlîchen
745   an daz rîche warten wolden
unde nimmer solden
der frouwen Adelheiden sun
zins noch dienst mit willen tuon.
der werden vil dâ wâren,
750   die daz gebot verbâren,
vil ritter unde knehte,
die sich hielden an daz rehte
und begunden dan entwîchen
ze irem herrn heimlîchen.
755   alsô stunt der werden muot,
sie minten triuwe vür daz guot.
    Mit roube und mit brande
Heinrîch in dem lande
von dannen zogete vürbaz,
760   Nüerenberc er besaz.

20'

---

733 ⟨H⟩einrich, *Absatzinitiale nicht ausgeführt*   **741** *v.d.H.*] richen
744 dinstlichen   **746** solden] warten *g,* warten solden *v.d.H.*   **748** nach

741 *B 890* der pfalzgrâve selbe truoc / ze sturme dô des rîches vanen.
757-760 *B 873ff.* dô der pfalzgrâve Heinrîch / ... *(875)* frumte in dem lande /
mit roube und mit brande ... *(878)* Nüerenberc er besaz.

dô ieschen die geste,
daz man in die feste
âne strît solde geben,
ob sie behalden ir leben
765 wolden unde fristen.
Heinrîch gedâht mit listen
und mit felschlîchen sinnen
in die burc angewinnen.
in der stat gesezzen
770 wâren helde vermezzen,
ouch wâren von dem lande
vil werder wîgande
in die stat durch fride komen.
nu wart der rât alsô genomen:
775 man müeste sie alle tœten
und jæmerlîchen nœten,
sô daz sie schieden von leben,
ê sie die stat wolden geben,
sie enhæten ires hêrren wort
780 und sînen willen ê gehôrt.
ze deme heten sie den trôst,
sie solden werden wol erlôst,
dem sie die rede sanden.
daz lant die ûzern branden,
785 ûf daz velt sie vaste buodeten,
sie roubten unde luodeten.
michel was der vînde drô,
die innern wâren mit schalle frô.
vor der stat ûf dem sande
790 manic ors man berande,
dâ wâren ritter guote,
die stat het wol ir huote.
nu enwart ouch daz niht vermiten,
ezn würde mit sturmlîchen siten
795 die mûre angeloufen.

21^r

21^v

761 Da   763 wolde   770 *v.d.H.*] Sassen   778 Er   779 hetten   781 Zcu dem   787 vihinde   790 ros   795 mŭer

des sach man sie verkoufen,
die dâ bûweten daz velt,
ir leben âne widergelt.
ouch sach man an den letzen
800   die von der feste setzen
den lîp ofte in wâge
gegen der fînde lâge.
dô sie zesamene quâmen,
sie gâben unde nâmen
805   einander unverzagten strît.
daz geschach ze maniger zît,
daz die bürger koberten
und an den fremden oberten.
doch ergienc dâ ir strîten,
810   daz ze beiden sîten
vil gelac der werden
verwundet ûf der erden.
etslîche den tôt alsô kurn,
daz sie daz beste pfant verlurn.
815   liute ouch vil gefangen wart
in die stat und ouch ûzwart.
    Dô quam der bote gerant,
dâ er den herzogen fant.
dem brâhte er die mære,
820   daz die stat belegen wære.
daz hæte der pfalzgrâve getân
und eteslîche des keisers man.
die stat mit überlaste
von mangem werden gaste
825   belegen wære ân allen fride
und daz sie grôzen kumber lide
und hæten schaden vil genomen.
sie bæten in, daz er in komen

22^r

802 vihinde   803 zcu sampne   807 *v.d.H.*] burge   812 verwunt
813 Etzlich   818 Do   821 hatt   822 etleich   825 war   828 baten

803 *B 5590* dô sie zesamene kâmen: nâmen *vgl. B 5693.*

helfelîchen wolde,
830 als er billîchen solde.
dô herzog Ernst des boten wort
und die botschaft het gehôrt,
dô bat er friunt unde man,
swaz er der bî im mohte hân,
835 daz sie im daz hülfen rechen;
daz gelobten dô die frechen.
er het ûf dem gevilde
wol beriht zwei tûsent schilde:
Ernest listiclîchen fuor,
840 Heinrîches leit er swuor,
in des her der fürste stæte
sînen speher hæte.
nu hœret, wie der fürste var!
er kriegete gein der vînde schar,
845 diz geschach ze einer stunde,
ê der morgen sîn begunde.
die Heinrîchs huote pflâgen,
gar sie daz verlâgen
und træglîchen versliefen,
850 daz beide randen und liefen
in die gezelt der von dem Rîne
Ernest und die sîne.
ungefuoge sie sie wacten,
ir ellen sie dô stracten,
855 sô daz manger bleip dâ tôt;
ouch enpfienc von wunden grôze nôt
manic wertlîcher man.
er fuor wol, swer dâ entran.
Heinrîch lac dô mit sunderschar,
860 der wart des înrennens gewar,
des quam unversêret dan
er und ander manic man.

---

836 globten; da   841f. state : hate   846 Ehir   848 sie *fehlt*   849 trag-
lichen   854 stracketen   857 wartlicher *(vgl. v.d.H.)*   858 entran, ra *war alte
Besserung auf Farbschicht, jetzt unleserlich*   859 da; sünder schar

er verlôs dâ ein michel her,
doch volgte im noch liute mêr.
865 swaz er von der stat gefangen hete,
die wurden ledic an der stete.
an gezelten manic tiurez werc,
platen, hosen, halsberc,
ir kost und al ir silbergelt,   *23ᵛ*
870 swaz sie des brâhten ûf daz felt,
manic tiurez râvît,
die sie dar brâhten durch den strît,
swaz an fluht des wart vergezzen,
daz nâmen die helde vermezzen;
875 frœlîchen sie verzerten daz,
sie enruochten, trüege in Heinrîch haz
und die ez hâten dâ verlorn;
wênic sie ahten ûf ir zorn.
von den gefangen gâbepfant
880 nam ouch dâ der wîgant.
Heinrîch nâch disem ungemach,
daz im von Ernsten geschach,
hete noch ein michel her.
er wolt sich setzen ze wer.
885 dennoch er boten sande
nâch den liuten ze lande,
die im ungesûmet quâmen,
dô sie sîn gebot vernâmen.
Ernst ouch ûf strît gedâhte,
890 nâch Heinrîche er faste gâhte;   *24ʳ*
des lîbes was er gar ein helt,
sô was der pfalzgrâve ouch gezelt,
daz sie wol erscheinten dâ,
dô sie einander quâmen nâ;
895 zagheit sie beidenhalben flôch.

864 nach   865 stet   865f. het : stet   867 teuwer   869 selber gelt
871 turer raüid   873 was   875 *v.d.H.*] vortzeten   876 trug   881 nam
auch ditz   882 von ersten   883 Er hette   890 heinrichen   892 der
pfalzgrâve] graue wetzel   893 erschinten   894 so na   895 *nach* zagheit
stand halben, *darüber Verbesserung auf zum Teil weggekratzter Farbschicht*

dô sich der strît zesamne zôch,
dô wart verswendet manic schaft
ûz beiden hern mit tjoste kraft.
die unverzagten schützen
900 sach man ir were dâ nützen;
sie uobten faste die swert.
menlîche und unervært
sach man ze beiden sîten
vil werder ritter strîten.
905 dô was vil stark gevehte
von mangem getriuwen knehte;
ouch wolt den Ôsterfranken
Ernest dâ wol danken.
die tâtenz in dem strîte wol.
910 als ein helt daz sîne weren sol,
alsô der herzoge sich werte,
die vînde er faste zerte;
ir vielen manger vor im tôt.
als im sîn ellen daz gebôt,
915 die rote er ofte durchbrach,
alsô er sînen schaden rach.
ir wart dâ vil von im versniten,
sus kunde er sie ze hûse biten,
sie muosten im den pfeffer gelden.
920 sus kunde er sich melden,
Ernst der unverzagete,
daz ez manic wîp beklagete
dâheime bî dem Rîne.
warumb verderbtens im daz sîne?
925 sie solden in mit gemache lân!
dô wart verloren manic man
dâ ûz ietwederm her.
Heinrîch nam doch verlüste mêr,
dâvon sich huop ein niuwer nît.
930 mit flühte wolde sich der strît
Heinrîchs halben enden,

den sach man ze lande wenden.
Bî Wirzburc der strît ergienc,
dâ Heinrîch grôzen schaden fienc
935   an mannen und an mâgen,
des in lange muoste betrâgen.
selber quam er kûm von dan,
er het doch hinder im verlân
an gefangen gâbepfant,
940   dô er rûmte daz lant.
sus Ernst die sînen lôste
mit ellenthaftem trôste.
er hiez die wunden sâ ze stete
binden, die er gefangen hete,
945   sam wurden ouch die sînen.
dô liez er sîn tugent schînen,
der an dem werden nie gebrach:
er schuof in glîche guot gemach
und hiez ir wol mit flîze pflegen.
950   Boten sande der werde degen
mit brieven zuo der keiserîn.
er bat die lieben muoter sîn,
daz sie im erfaren wolde,
wand siez billîch tuon solde,
955   wâmit er hæte disen zorn
verdienet unde hæte verlorn
gar âne sîne schulde
sînes hêrren hulde,
daz sie in des bæte,
960   daz er wol tæte
und lieze in des ze rede komen.
hæte er von im iht vernomen,

25ᵛ

---

936 must   **939** gebe pfant   **948** *v.d.H.*] gut glich   **952** liebe   **956** hett
957 an

950-952 *B 949* einen boten er dô sande / sîner muoter hin ze lande / und bat ir
diu mære sagen.   **956-958** *B 975* und daz er âne schulde / verlorn habe dîn
hulde.   **961-964** *B 983* daz du in lâzest vür komen. / habe ieman iht vernomen / von im daz er dir habe getân, / des welle er dir ze buoze stân.

daran er hæte missetân,
er wolt sich an sîn gnâde lân.
965 hæte aber iemen in besaget,
des wære er immer unverzaget:
ûf ein kempflîch pflihten
wolde er sich des berihten
vor den fürsten allen,
970 daz ez in müeste gevallen,
er hazzete in wærlîch âne nôt.
er sprach: »ich wære lieber tôt,
dan mir daz immer solde geschehen,
daz man mir untriuwe müeste jehen.«
975 Nu was vür den keiser komen,
der dort den schaden het genomen;
er klagte klegelîchen
über den ellens rîchen.
er reizte starc des fürsten zorn.
980 dô wart offenlîch gesworn
Ernstes vertrîben und sîn leit.
nu het ouch die werde Adelheit
vernomen von des boten sage
irs kindes unverdiente klage,
985 der die süeze sêr erschrac.
des nahtes, dô die reine lac
bî irem herrn, die mit sorgen ranc,
sie den an ir herze twanc,
mit wîzen armen umbefie;
990 sie sprach: »mîn lieber hêrre, wie
hât Ernest iuwer hulde verlorn,
den ir ze kinde hât erkorn?
ouwê, wer hât gefüeget daz,

965 Vnd hett aber ymant   968 *v.d.H.*] Wol er   971 Ir hasset; an
973 Danne   974 iheen   977 claglichen   980 Da   985 *v.d.H.*] sie susse
986 da   988 Den sie   989 sie vmb fing, *über* fing *war eine jetzt abgekratzte
Farbschicht mit der Verbesserung* vie

990f. *B 977* er enweiz, wie er die (die hulde) hât verlorn.

daz er sol haben iuwern haz?
995 einer bete er an iuch gert,
der ir in billîch gewert,
daz ir in vür iuch komen lât.
swer in gein iu besaget hât,
des welle er sich entreden sô,
1000 daz ich des immer wese frô.
hât aber er iuwer hulde
mit deheiner slahte schulde
von sîner tôrheit verworht,
sô ist er des gar unervorht,
1005 ern bezzerz, swie ir gebietet im.
hêrre, zuo mir ich daz nim,
er ist ûz triuwen doch geborn
und hât bôsheit bizher verkorn
und getet nie deheinen argen rât
1010 ûf iemen, der ziehe ze missetât.
er wære mir vil lieber tôt.«
irn munt hitzec unde rôt
sie dem hêrren ofte bôt
umb ires lieben sunes nôt,
1015 daz er in lieze ze rede komen.
daz versagte er ir, hân ich vernomen,
und alzemâl daran ir bete.
dâ er doch niht wol an tete.
ich spriche offenbâre daz:
1020 ûf den ich trüege tôdes haz,
würde ich von friunt sô angerant,
ich müeste ez lâzen sâ zehant.
swâ ein friunt mich alsô twünge,
an mir er gar errünge,
1025 swaz sîn wille wære,

27^r

---

994 Daz *fehlt*   997 *v.d.H.*] komet   998 besagt   1006 Her   1015 lies
1019 spreche

997 *B 983* daz du in lâzest vür komen.   999 *B 986* des welle er dir ze buoze
stân.

des wære ich volgære.
ich hân den keiser an sinnen laz,
daz er sô verre sich vergaz
gein der werden guoten
1030   der tugentlîch gemuoten.
mit grôzer liebe sie in beswuor,   *27ᵛ*
ê sie daz an im erfuor,
wes er Ernste gæbe schult;
daran ir bete wart erfult,
1035   der keiser dô ûz liebe sprach:
»dîn sun hât mîn ungemach
und mîn verderben gesworn.
sol mir daz niht wesen zorn?
er hât willen mich vertrîben,
1040   dâmit lâ daz belîben!
daz hân ich wol erfarn vür wâr.
waz liebe solde ich tragen dar?
wiltu, frouwe, glouben mirs,
ich habe dich nimmer deste wirs.«
1045   Ernst berant die feste,
darûf noch wârn die geste,
den grâve Heinrîch enbôt,
daz sie forhten keine nôt
und die hûsêr halden wolden
1050   getriuwelîch, als sie solden.
sie soldens immer haben fromen,
er wolde in schier ze helfe komen.   *28ʳ*
frou Adelheit mit kumber ranc,
manic sorglîch gedanc
1055   umb iren sun ir fröude nam
und umb den keiser alsam,
an den sie ofte versuochte,
daz er des geruochte
und begienge gnâde an irem sun.
1060   er jach, er möhtes niht getuon,

1027 han *fehlt*   1031 in *Ahlg.*] ym   1032 Ehir das sie   1035 dô] doch
1041 erfarn wol   1044 nymme dester   1053 Frawe   1060 mocht sin

1060/62 *B 1000ff.* dar umbe ensult ir mich niht biten, / wan ich enmac es niht
getuon. / frouwe, ... iuwer sun ...

er sprach: »liebe frouwe mîn,
lâ vürbaz dîn biten sîn!
er hât ze verre sich vergezzen
und guot spil übermezzen.
1065 ich hete mit im des gedâht,
ich wolde in darzuo haben brâht
bî unser zweier lîbe
ze êren dir lieben wîbe –
des er mir übel lônet –
1070 er solde sîn gekrônet
und ze rœmischem künige erkorn;
daz hât er übele verlorn.«
Dô sprach die edel Adelheit: *28ʳ*
»ez ist mir von herzen leit,
1075 daz er sol haben iuwern haz;
doch möhte sich wol füegen daz,
daz ir in liezet ze rede komen,
daz müeste mir an fröuden fromen;
nu enmac daz leider niht gesîn.«
1080   Die ungemuote keiserîn
irem lieben sun enbôt
al die rede und daz die nôt
Heinrîch im gemachet hete
und noch alle tage tete
1085 ûf in bœser rede mêr
und samnete sich mit starkem her
und daz sie deheine gnâde fünde
noch im erwerben künde,
daz er sich ihts entreden solde,
1090 wan daz man in vertrîben wolde.
  Dô herzog Ernest daz vernam,

1071 romischen   1072 ubel   1086 sampte   1087 deheim kein gnade
1088 Nach   1089 ichtes   1090 Wenn

1081-83 *B 1025f.* und enbôt ir sun dem herzogen, / in hete der pfalzgrâve ver-
logen.   1090 *B 1064* dich wil der vil unwerde / von dînem erbe vertrîben *(in
anderem Zusammenhang).*

34

daz ez von Heinrîche quam
und daz er in hæte besaget, *29ʳ*
gote er daz inneclîchen klaget
1095 und bat, daz er im bære
helfe, als er im schuldic wære.
Wetzeln und ander sîne man,
swaz er der werden mohte hân,
die bat der hêrre im râten.
1100 daz sie gerne tâten.
diz was al der hêrren rât:
»sît iuwer ungenâde hât
der keiser gar âne iuwer schult,
von rehte ir iuch weren sult.
1105 sol der keiser iuch vertrîben,
er muoz es riuwic belîben
von strîtes widergelde,
kumt er gegen iu ze velde.«
dô sprach der ellens rîche:
1110 »ir redet getriuwelîche,
des ich iu immer danken sol.
wir suln uns sîn erweren wol.«
der werde sich bereite, *29ᵛ*
als er strîtes beite;
1115 die hêrren bat er wesen frô.
gegen dem Rîne kêrte er dô,
ze Spîre, dâ er den keiser fant.
selb dritte quam er dar gerant
mit grâven Wetzeln, als ichz verstân,
1120 und noch mit einem werden man.
    Dô er ûf den hof quam,

1092 heinrichen   1093 hette   1096 Hulff   1097 Etzeln   1098 Was der der
werde   1103 iuwer *fehlt*   1106 es] sein   1110 ir redet *cuf Rasur*
1117 speirn   1119 ich es

1116-18 *A II 27* hine ze Franken he dô rande / zu einer burg, di hîz Spîre,
B 1250ff. do erwelte er zwêne sîne man / ... *(1252)* mit den er dâ hin rande. /
dô sie kâmen über Rîn ...   1121-24 *A II 33* des âvendis, dô der helit gût / ûf
den hof geriden quam, / den grêven Wezzel he zu ime nam / ind hîz den an-
derin degin bewaren / dat he die ros hette gare; *B 1259* dô er ûf den hof geriten
kam, / den grâven Wetzel er zuo im nam / und bat den andern sînen degen /
der ros mit guoter huote phlegen.

35

grâven Wetzeln er mit im nam.
den dritten hiez der fürste wert
die wîle halden die pfert.
1125 an einem âbende diz geschach.
die hêrren wâren an ir gemach,
dennoch mit Heinrîche
der keiser heimelîche
an sunderlîchem râte was.
1130 nu quam ûf den palas
Ernst vür der kemenâten tür,
die was offen und niemen dâvür;
daz sûmten die kameræ re;
daz was Heinrîche swære.
1135 dô Ernest ze der tür îndranc,
der keiser von dem wege spranc
in eine kappelle,
die tür verslôz er snelle.
Heinrîch die bürde eine truoc,
1140 Ernst daz houbt im abesluoc;
dâmit rief er den keiser an,
ez wære zegelîch getân,
daz er sô lieze sînen mâc.
der muoste lîden disen bâc,
1145 er dankte gote der guoten vart,
daz er im alsô entwart,
er vorhte empfân die selben nôt.

30^r

1124 wil   1128 heymliche   1133 kemererẹ   1134 heinrichen tzu swere
1140 abslug   1142 tzeglich   1147 vorcht enphaen

1127-29 *A II 43* dâ saz de kuninc ze râte / bit deme palenzgrêven sîme trûte;
B 1276 der künic mit sînem neven saz / heimlîch an eime râte.
1130-33 *A II 48* die sprungen în zu der dure. / de kamerêre stunden dâ vure /
ind hatten it ubele bewart; *B 1268* der herzoge balde hin spranc / in zorne für
des rîches tür. / dâ stuonden kameræ re vür / und heten ez übele bewart. / die
tür fundens ungespart. *Zu* 1132 *noch B (a) 1270* da stunt keyner vor.
1135 *A II 41* der herzoge dô hine dranc.   1136f. *A II 57* dô spranc he over
eine banc / dat he in eine kapelle quam; *B 1283* der künic (keiser *b*) ... er
spranc von sînem rûme / vil snelle über eine banc, *1287* in ein kappellen er
entran.   1140 *B 1290ff.* der herzoge sluoc im dô / einen alsô swinden slac /
... *(1293)* daz houbet verre von im spranc.

sus lac der pfalzgrâve tôt.
valscheit und untriuwe
1150 der lôn ist niht wan riuwe,
swenn ez an daz ende gât,
sô triuwe wirdiclîchen stât.
untriuwe ist der sælden diep,   *30'*
sô triuwe ist vor gote liep.
1155 Ernst gienc ungeforhten wider
von dem palas hin nider,
dâ er sînen geverten fant;
von dannen reit der wîgant,
ê diz vüre würde brâht.
1160 dô was ez nu worden naht,
dâvon der ellenthafte man
ungesuochet kêrte dan.
doch was an sîner reise lâge
alsô des unerforhten klage,
1165 er sprach: »du weist wol, süezer got,
daz mich unmæzlîche nôt
ze dirre unfuoge twanc:
Heinrîch nâch mînem tôde ranc
gar âne mîne schulde;
1170 mînes hêrren hulde
starke er mir verloren hete,
dem ich undienst nie getete
und nie ze keinen stunden   *31'*
wart ûz dem willen funden,
1175 ich enwolde lîp und leben
durch sînen willen ûfgeben.
mîn hêrre übel sich versan,
daz er dem tœrehten man

1149–58 *erhalten in* W   1150 wenn *g*   1151 Wenn *g*, Wenne *W*   1152 stad
g, bestat *W*   1154 So ist trewe vor got *W*   1155 Erneste *W*   1157 sin *g*
1159 Ê *fehlt;* vor wurde   1162 vngesucht kert von dan   1168 myme
1169 an   1171 starck; verlorn   1178 er *fehlt*

1158 *B 1319* und riten dan mit gewalt.   1160 *B 1322* dô half in diu vinster
naht.

ie des volge hât getân.
1180   daz er mîn widerrede wolde hân
und mîn unschult hæte vernomen,
daz müeste uns nu beiden fromen.
hæte er beredunge mir gegeben,
sîn œheim möhte noch hiute leben.
1185   nu hât er uns beide verlorn.
alrêrst hebet sich nu der zorn.
sol er mich vertrîben,
des muoz er riuwic belîben.
ê ich im rûme Beierlant,
1190   ich sol erswingen ê mîn hant
mit strîtlîchen gâben,
daz ez beklagent sîne Swâben
und ander, die er füeret dar,   *31*
daz er lieber anderswar
1195   möht sîn hervart pflihten
und sich ze strîte rihten.«
    Dô daz in der stat erhal
under den fürsten überal,
daz herzog Ernest hæte erslagen,
1200   den ich selden wil klagen,
den pfalzgrâven Heinrîchen,
daz dûhte sie wunderlîchen,
. . . .
. . . .
und was in durch den keiser leit.
schiere wâren sie bereit,
1205   sie hæten gerne nâchgejeit,
daz die naht in dô verseit.

1181 het   **1189** Er   **1192** sein   **1190–98** *erhalten in W*   **1192** beklagen *W*
1193 furt *g*   **1194** er] sie *W*   **1195** Mohten ir *W*   **1196** vf strit berichten *W*
1197 erschal *W*   **1202** dûhte sie] er sin, *danach keine Lücke in g, vgl. Anm.*
1206 dô *fehlt*

1197 *B 1327f.* in der bürge über al / huop sich vil grôzer schal.
1199–1201 *B 1330f.* daz Ernest der wîgant / den pfalzgrâven hæte erslagen.
1205 *B 1348* daz sie niht mêre mohten jagen.

den keiser nâmen sie von klage,
der leit nôt, als ich iu sage,
im tet schade und laster wê.
1210 daz hæte er wol verwendet ê.
hæte er den unschuldigen man
ze rehter rede komen lân;
sus dolte er laster unde spot
und lac im doch der œheim tôt.   *32*
1215 daz ist reht und füeget wol,
beredunge ein man haben sol,
den an unwârhafter tât
nie ein hêrre funden hât.
wil er gelouben lôser sage,
1220 er kumt sîn lîhte selbe in klage,
als keiser Otten hie geschach.
der leit grôzen ungemach.
er gienc, dâ er den tôten sach,
ob dem er dise klage sprach:
1225 »von einem verh wir sîn geborn,
nu hân ich, helt, dich verlorn,
umb daz du mir trüege triuwe.
verhaft sol sîn mîn riuwe
biz ûf den sæliclîchen tac,
1230 daz ich dich gerechen mac!
hæte er in strîte dich erslagen,
vil senfter wolde ich dich verklagen.
an dir und an dem rîche
bin ich lesterlîche
1235 gekrenket und gehônet.   *32*
der krône ist niht geschônet,
die er an dir gesmæhet hât.

1216 *v.d.H.*] eynen   1225 einen   **1226–36** *mit kleineren Lücker erhalten in*
W   **1227** *der Raum erfordert mehr als* Umb, *wahrscheinlich* (Darum)b *W;*
trevgestriwe *W*   **1229** seligen *g*   **1232** vil *fehlt g*

1228–30 *B 1361ff.* du riuwest mich sêre! / ich enwil ouch nimmer mêre / in
mîme herzen werden frô, / ich enreche dich alsô / ... *(1366)* gelebe ich morgen
den tac ...

swelh fürste von dem rîche enpfât
helfe, lêhen, krône, lant,
1240 ich hoffe, daz der werden hant
mir helfe rechen dise leit
und ir aller laster breit.
ô hêrre, dînen erwünschten lîp
von schulden klagen mac dîn wîp
1245 und al die friunde, die du lâst,
wan du den helfe bewîset hâst.
durch mich entriuwen bist du erslagen,
des enkan ich nimmer dich volklagen.«
bî im was vil der werden man,
1250 die brâhten in von dem tôten dan.
dô wart der rê ze reste brâht
und wart bewachet wol die naht.
des morgens liez er in begraben
in ein grap von kost erhaben
1255 schôn nâch sînem rehte.
er bat fürsten, ritter, knehte,
ê sie von dannen quæmen,
daz sie sîne bete vernæmen.
sie jâhen alle glîche,
1260 sie tætenz williclîche.
an dem anderen tage
vernâmen sie des künics klage.
ze in er klegelîchen sprach:
»leit sî iu mîn ungemach!
1265 ich bite iuch hêrren allesamt,
daz ir iuch des lasters schamt,

33^r

1241 helffen; leit *v.d.H.*] lant   1242 ir aller *Ahlg.*] al yr   1243 din
1245 alle   1246 Wenn   1247 an truwen; du *fehlt*   1250 dem *v.d.H.*] den
1251 Da; reste *v.d.H.*] rechte   1257 Ehir   1261 andern   1266–76 *erhalten
in W*

1251-53 *B 1392ff.* die naht hiez er obe dem degen / wachen, als wir noch site
haben. / des morgens wart er begraben.   1261f. *B 1398* dô klagete er (der
keiser) den grôzen schaden.   1264–66 *B 1414* helde lât iu wesen zorn / daz er
iuch und daz rîche / sô rehte lasterlîche / bediu alle hât geschant.

daz Ernst an uns begangen hât.
nu gebt mir helfe unde rât!
daz verschulde ich, als ich sol.
1270   ich getriuwe iu des wol,
ir helfet mirz nâch rehte klagen.
ich wolde es immer swære tragen,
daz er des ie geruochte
und des rîches hof sô suochte
1275   und den œheim mir benam:
selbe ich kûme von im quam.«
dô jâhen die hêrren alle
mit gemeinem schalle,
man solde sînen stiefsun
1280   in des rîches âhte tuon.
sus wart sîn lant und sîn leben
in die âhte gegeben.
    Nu wurden brieve zehant
wîten in die lant gesant:
1285   der keiser klagte sîne nôt,
jungen und alden man gebôt,
swaz wer getragen möhte
oder ze strîte iht töhte,
»daz sol zogen gein Beiern wart
1290   ûf Ernsten in die herfart.«
nâch des keisers gebote
quam im manic erwegene rote:
sus man ahte ire zal
drîzic tûsent überal.

33ʳ

1268 gebit *g;* helff und *g*   1269 verschul ich *g, v.d.H.,* wil ich verschulden *W;* wie *Wg*   1270 harte wol *W*   1272 Vnd ich *W*   1277 herre   1284 wijt 1287 were; mochte   1288 tuchte   1293 yr

1273f. *B 1400* daz in sô lasterlîchen / Ernest der herzoge / hæte gesuochet dâ ze hove *(inhaltlich früher).*   1279f. *B 1426* der keiser über in gebôt / sîn âhte und über die sîne.   1286–90 *B 1432* diu *(sc.* hervart *1430)* wart geboten zehant / den die ze werke tohten / und schilt getragen mohten, / er wære junc oder alt. *u. B 1444ff.* dô hiez er wîsen die schar / ... *(1446)* ze Beiern in des fürsten lant. 1294 *B 1439* drîzic tûsent unde mêr.

1295 fürsten, grâven, ritter vil,
     die gerne uobten strîtes spil,
     gezieret schôn die quâmen,
     die prîs gerne nâmen
     nâch ritterlîchem rehte,
1300 vil ellenthafter knehte,
     die ouch nâch prîse rungen.
     von alden und von jungen
     het er heres michel kraft
     und wol bereite ritterschaft.
1305 er fuor vür **Regensburc** die stat,
     die noch daz rîche inne hât,
     die belac er mit her.
     die stat fant er wol ze wer,
     dâ wâren helde inne,
1310 die nâch prîses gewinne
     wurben strîticlîchen.
     der keiser nîtlîchen
     die stat anfehten gebôt.
     von der mûren manger tôt
1315 erschozzen und erworfen wart,
     der gein dem **Rîne** die vart
     versprach und gegen **Swâben**.
     sie nâmen unde gâben
     strît mit widergelde
1320 ouch ofte ûf dem felde:
     sô die innern des geruochten,
     daz sie die ûzern suochten,
     sô wart ez dô von mangem man
     vor der stat wol getân.
1325 ir zecken ofte werte,

1323 dauon

1295-97 *B 1440ff.* ouch fuoren dô die fürsten hêr / mit vil guoten knehten /
die wol getorsten fehten / und ze flîze wâren gar. **1305/07** *B 1448f.* Regensburc er besaz / und lac dâ vor mit gewalt. *u. B 1528f.* der keiser dô die stat
belac / gewalteclîch mit sîme her *(inhaltlich später)*. **1325-27** *B 1493* der
sturm werte unz an die naht.

biz daz die sunne gerte
lâzen sich ze reste,
daz die innern gein der feste
twanc die finster und die naht.
1330 beidersît von lîbe brâht
wart vil manic werder man,
ouch sêr verwunt ûf dem plân,
daz got sîn helfer muoste wesen
und ouch der arzt, solde er genesen.
1335 Die bürger wâren vermezzen,
daz sie hâte besezzen
der rôte keiser Otte,
daz hâten sie ze spotte.
in der stat manic degen
1340 des lîbes hete sich erwegen,
die an sturm und an der tjost
wol torsten ûf ir lîbes kost
hurticlîchen rîten,
unervorht gein fînden strîten.
1345 eines tages die helde tiure
aber suochten ûz der miure.
ein ritter der fuorte iren vanen,
den hôrte man sie ze strîte manen;
ein helt er des lîbes was;
1350 die banier grüene als ein gras,
der volgte manic werder man
wol gezieret ûf dem plân;
dô bestuonden die geste
die werden ûz der feste.
1355 von den roten manic schaft
wart enzwei mit tjoste kraft

35ʳ

1327 *v.d.H.*] riste   1334 artz   1337f. otto : spotto   1344 vihinden
1345f. tauwer : mauwer   1348 hort   1350 grun   1355 Vor   1356 tiostes

1328f. *B 1498* unz sie diu finster naht geschiet. / die burger fuoren in die stat.
und B 1598 unz sie diu vinster naht vertreip *(inhaltlich später)*.
1347/50 *B 1464f.* des herzogen man hâten an gebunden / einen vanen grüenen.
1353f. *B 1468f.* aldâ bestuonden sie vor / den künic unde sîne man.

úz beiden heren dâ gedrumt,
daz in an hôhem prîse frumt.
ir strîten was dô herte;
1360 ir menlîch geverte
mangen dô von leben jaget.
mit ir gemüete unverzaget
menlîche ûz beiden hern
sach man sich die quecken wern,
1365 die stalten ungefüegen mort.
ob des iht geniuzet dort
Heinrîch der pfalzgræve,
des rôten keisers Otten neve,
der ez brâhte ze dirre nôt,
1370 daz lân wir an den süezen got,
der aller dinge hât gewalt.
 Der werden wart dô vil gevalt:
Der keiser tûsent dâ verlôs
werder man, die stat ouch kôs
1375 an liuten ungefüegen schaden;
ûf dem felt sie wurden verladen
von heres überflüete,
daz ir verzaget gemüete
gein der stat sie kêren lêrte.
1380 in volgete ûf der verte
vil der vînde vür die tor,
dâ nâmen sie ouch schaden vor.
selden sô was daz vermiten,

35ʳ

36ʳ

1357 dâ] das 1359 da 1361 da 1363f. menlich; heren : weren
1369 bracht 1370 lassen 1372 da 1376 felde; *der Vers wird auf der
folgenden Seite wiederholt, das letzte Wort ist ausradiert, das Ganze war früher
mit Farbschicht überzogen* 1381 vihinde

1359 *B 1473* und huoben einen sturm hart. 1371 *B 1314* der aller dinge
gewalt hât. 1373-75 *A III 3f. / 15f. ein tûsint was dere / di in dem wîge
sturven ... (15) dô hatten michelen scaden / di mêre burgêre oug genomen;*
B 1512f. / 21ff. er *(der keiser 1510)* hâte mêr dan tûsent man / ... verlorn ...
(1521) die burger hâten ouch genomen / schaden als ich hân vernomen / an
tôten und an wunden. 1380-82 *A III 24f. kêrten gegin deme burge dore. / dâ*
nâmen si grôzin scaden vore.

ez enwürde vor der stat gestriten
1385 aller tagelîchen.
ouch wart dâ krefticlîchen
manic sper zerbrochen;
diz werte wol drî wochen.
guoter arzte was in nôt,
1390 wan ir ellen sô gebôt,
daz sie einander tâten wê;
der anger und der grüene klê
wart von iren wunden rôt.
diz half im niht, er was doch tôt,
1395 Heinrîch, den der keiser rach.
    Dô er ungewunnen sach
von solchem strîte die stat,
vil antwerke er machen bat,
guoter ebenhœhe viere.
1400 er gebôt alsô schiere,
daz man die werc bereite
und an die mûre leite.
ûz den werken würfe swære
betoubten die bürgære,
1405 ouch wâren sie von dem trôste,
daz sie iemen lôste.
    Den keiser sie frides bâten,
sie wolden sich berâten
und mit den gemeinen
1410 sich des wol vereinen,
wie sie gæben im die stat.
nu stuont alsô der fürsten rât,
daz in der keiser fride tete.

36ᵛ

1384 Vor der stad es wurde gestriten   1387 tzu brachen   1388 wert; drie
1394 im] yn   1395 *Ahlg.*] Heinrichen   1399 *v.d.H.*] aben hohe
1402 muren   1410 wol *fehlt;* bereinen

1398f. *A III 36 / 41f. bit aller slahte* antwerc ... *(41) he wurhte igel ind mangen / ind berg fride vîre : scîre; B 1562f.* vil balde er dô würken bat (: stat) / igel
katzen berchfrît.   1407/11 *B 1621ff.* dem keiser kâmen mære / daz im die
burgære / sich uf genâde wolden geben.

45

sie berieten sich ze stete:
1415 swer darinne belîben wolde,
dem keiser er warten solde
und solde sîne hulde hân,
er wær bürger oder lantman;
swer des niht wolde, den solt man abe
1420 lân mit sîner varnden habe
fridelîchen rîten,
binnen vierzehen nahtzîten
solde er gewissen fride hân.
der rât dûhte sie guot getân. an einen muot, / daz
sie ez gerne
1425 dô der vür die fürsten quam
und in der keiser vernam,
dô frâgte der zornes rîche,
ob ez wære behegelîche,
des die bürger bâten.
1430 nu was daz ir aller râten,
er solde sie billîch gewern,
sie künden wol ze mâzen gern.
sus wart geboten in der fride
bî dem swerte und bî der wide.
1435 dô der rât vür sich gienc,
ze sînen hulden er empfienc
die bürger und besatzte die stat.
die versêrten er drîn füeren bat,
vil ritter unde knehte,
1440 und hiez der pflegen nâch rehte.
     Dô diz alsô geschach,

1418 were   1420 *v.d.H.*] farnde   1422 Bynn   1424 ducht   1427 fragt des
tzornes   1429 burgere   1431 sult   1437 burgere; besatzt   1438 darin
1439 rittere und

1419f. *B 1656ff.* man liez sie drûz mit dem leben / varn die dannen solden, /
swar sie selbe wolden.   **1424** *B 1631* waz sie dar umbe diuhte guot *(anderer
Zusammenhang).*   **1430f.** *B 1632f.* sie vielen alle an einen muot, / daz sie ez
gerne wolden sehen.   **1433** *B 1635* dô der fride wart getân.   **1437** *B 1664f.*
do besazt der künic hêr / die burc . . .

die gezelt man ûfbrach,
er zogte vürbaz mit her,
niemen was gein im ze wer.
1445 der fürste von dem lande
mit mangem wîgande
enthielt sich, swâ er mohte,
als ez nu dem hêrren tohte.
der keiser zuo den hêrren sprach,
1450 swaz er der werden vor im sach:
»mit helfe sunder wanken
muoz ich iu der triuwen danken,
daz ir mir helfet mîne leit
sus rechen und mîn laster breit;
1455 ir hât mit menlîchen siten
als die rehten helde erstriten
die aller ahtbærste stat,
die diz lant iender hât.
noch hât der unhêre
1460 guoter stete und bürge mêre;
nu suln wir ouch mit sinnen,
wie wir die gewinnen,
mit allem flîze werben
und diz lant verderben
1465 und vertrîben den mordære,
der in leitlîche swære
mich brâht hât, in sorgen bant.«
dô gap der künic mit milder hant
den hêrren silber unde golt;
1470 er swuor in immer wesen holt,
ouch swuoren sie alle glîche
ime und dem rîche
mit helfe undertân wesen,

1443 *Bartsch zu B 1675*] tzoge   1457 *v.d.H.*] achbarste   1461 sullen
1465 *v.d.H.*] dem   1472 Ym

1442 *B 1667* sie brâchen abe ir gezelt.   1464 *B 1687* daz er (der keiser) verdarp im daz lant.

ez gienge an sterben oder genesen.
1475   Der künic het grôze ritterschaft   38ᵛ
und des volkes volle kraft.
er sande in werder schouwe
ze tal bî der Tuonouwe
ein her muotes rîche
1480 nider gein Ôsterrîche,
daz sie dem lande tæten,
als sie im gelobet hæten,
mit roube und mit brande
ze leide dem wîgande.
1485 ze berge bî dem Leche
sande er recken freche,
die grôzen schaden tâten,
als sie gelobet hâten.
er zogte bî des Moines unde
1490 selbe daz lant wüestunde.
dô wart vertriben manic man,
der schult an Heinrîch nie gewan.
nu mohte an den zîten
keiner schar gestrîten
1495 Ernest der helt mære;   39ʳ
daz was sînem muote swære,
als im sîn triuwe daz gebôt.
er klagte sîner liute nôt
vil mêre dan den schaden,
1500 dâmit er selber was beladen,
die mortlîche ungedult,
die sîn volc âne schult
vil starc von sînen vînden leit.
ûf sorgen vart der fürste jeit;
1505 ofte er sich bedâhte,

1475 hatte   1481 taten   1482 hatten   1489 Er tzogete vaste bey dem vͤnde
1490 wustende   1492 *Ahlg.*] heinrichen   1493 Nůn   1497 daz *fehlt*
1499 mer   1503 vihinden

1483 *B 1678* er stifte roup unde brant.

wie erz ze râche brâhte.
swie er wær der gebære,
sam im niht drumbe wære,
und der fürste unverzaget
1510 von dem lande wær gejaget,
doch der muotes rîche
aller tagelîche
sîn lant sach brennen und verhern
und moht daz leider niht erwern
1515 von der hêrren freise.   *39'*
manic witwe und weise
von des küniges hervart
aldâ in dem lande wart.
wolde er der râche êre hân,
1520 die er umb Heinrîch het getân,
wer sol im des genâde sagen?
sîn œheim von schulden wart erslagen,
der herzoge reht zuo ime hete,
dem der künic unrehte tete.
1525 swer sîne jugent mit zühten treit,
des alder volget sælikeit;
swer daz golt hât als fûlen mist,
daz hân ich niht vür wîsen list,
und swer den valschaften man
1530 wil als den getriuwen hân,
in beiden der unrehte tuot:
besinnec begin hât ende guot.
herzogen Ernste was niht gâch;
sô er der state niht ensach,
1535 sô leit er, swaz er solde;   *40'*
mit sinnen er strîten wolde.

1507 Wie er der   **1508** darumb   **1511** Vnd doch   **1513** burnen
1519 Wolde *v.d.H.*] Wol   **1520** heinrichen   **1521** gnade   **1523** hertzog; ym
1523f. het: tet   **1525** sin   **1529** *v.d.H.*] valschaffte   **1532** *nach* besynnig
steht ende, *das früher mit einer Farbschicht überdeckt war, die die Verbesserung*
begynn *trug*   **1533** ernsten; iach   **1534** stad

1515-18 *B 1659* da beleip vil manic weise (: freise).

Der keiser sich ungefuoge rach,
vil stete und bürge er im brach.
dô er überal daz lant
1540 het verwüestet und verbrant
und von sînem grimmen zorn
dâ vil volkes was verlorn
an stürmen, strîten und an der tjost
und im ouch gebrach der kost,
1545 dô kêrte er gein Franken lande.
er liez ouch dâ ze pfande,
den er ungerne mohte lân,
mangen ellenthaften man,
der ein menlîch ende kôs;
1550 vil der der keiser dâ verlôs,
die die Beier unverzaget
ûf tôdes vart heten gejaget,
als sie mit menlîcher hant
werten ires hêrren lant
1555 und durch ir lîbes nôtwer   *40'*
sich wâgten gein des küneges her.
swer wider daz reht fihtet,
wirt er an sige entnihtet,
mit strîtes nôt überladen,
1560 der hât vil billîch den schaden.
    Dô der keiser zerliez
sîn her und die fürsten hiez
alle ze iren landen zogen,
Ernste dem herzogen

1537 *Ahlg.*] vnfuge   1538 im] *möglicherweise als* nu *zu lesen, vgl. allerdings V.*
3229   1541 *v.d.H.*] grymmern   1544 gebrach auch   1547 Das er
1548 Manchem   1555 durch *fehlt*; ires   1556 wegeten   1561 tzu lies

1537 *B 1686* sus rach der keiser sînen zorn.   1538 *B 1680* sîne bürge er nider
brach.   1546/48f. *B 1688ff.* dar umbe er manigen wîgant / dar under liez ze
phande, / der nimmer mê ze lande / kam mit sînem lebene.   1553f. *B 1697f.*
... ir lant ... / vil manlîch sie daz werten.   1564-69 *B 1701f. / 1704f.* dô der
herzoge Ernest ervant, / daz im verhert was sîn lant ... *(1704)* dô klagete ez der
küene man / den sînen.

1565 was leit umb sînes landes nôt,
     als im sîn triuwe daz gebôt.
     daz im sîn volc was erslagen
     âne schulde, daz begunde er klagen
     den werden, die er noch bî im hete.
1570 diz was des herzogen bete,
     daz sie im hülfen die leit
     rechen; des wâren sie im bereit
     alles, daz sie solden;
     unverzaget sie wolden
1575 den lîp setzen in wâge   41ʳ
     umb die verlust ir mâge.
     des gewan Ernest der degen
     liute, die heten sich bewegen,
     sie wolden rechen ire leit;
1580 mit den Ernst ûf den künic reit.
     vil guoter bürge er gewan,
     die hiez er niderbrechen sân.
     swen man begreif, der muoste ein pfant
     den vrechen lâzen sâzehant,
1585 die hende oder die füeze,
     daz sint der Beier grüeze.
     swâ sie an die fînde quâmen,
     die daz pfantreht dâ nâmen,
     der was âne mâze vil;
1590 ir was ouch vil ûf tôdes zil.
     ich wolde dâ niht gepfendet sîn!
     sie suln ir pfantreht haben in
     und geben daz, swem sie wellen!
       Der herzog mit sînen gesellen

1567 Daz] Vnd   1568 schult; er tzu clagen   1569 Den] Die   1569f. het: bet
1576 verlußt *aus* verhißt *verbessert*; yrer   1593 *v.d.H.*] wullin   1594 sin

1571f. *u.* 1579f. *B 1708ff.* dar umbe sie … / hulfen rechen sîn herzeleit. / dem
künige er vaste zuo reit.   1581f. *B 1714* vil bürge brach er im nider.
1583–86 *vgl. inhaltlich B 1715f.* dô er die obern hant gewan, er stummelt sîne
dienestman.

1595   **Den** keiser muote starke.
al der fürsten marke,
die ûf in wârn gevaren ê,
die wuoste er und tet den liuten wê.
got half im den ungemach,
1600   der unverdienet an im geschach,
an sînen vînden rechen.
sus fuor er mit den frechen
und verderbte daz rîche,
Ernst der muotes rîche.
1605   swer mit im ze strîte quam,
an dem er sic und prîs nam;
er bôt nie engestlîcher vâr.
der werte vollen fünf jâr,
daz im die koste abe gienc.
1610   die widerreise er gefienc
wider heim ze lande.
die werden wîgande
wâren vrô und gemeit,
sie dûhte, daz vil gar ir leit
1615   und alle ire swære
gar vergangen wære.

    Dem keiser tet sîn laster wê,
sîne hervart man wider schrê,
er wolde ûf Ernsten aber farn.
1620   daz gedâhte der hêrre wol bewarn:
von allem dem lande
die besten er besande
und bat im die râten,
daz sie gerne tâten.
1625   er sprach: »ez lît uns swære,
ûf den lîp gevære

1597 gefarn   1601 vihinden   1604 der] des   1607 ni *oder* in?   1609 kost
1618 Sin   1619 wult   1620 gedacht

1608 *B 1724* mêr danne fünf jâr.   1621f. *B 1744f.* dô besande er alle sîne
man, / die besten von dem lande.   1626f. *A IV 11ff.* mir is de kuninc h*êre* /
vil wunderlîche gram, / dar zû al*le sîne* man; *B 1768f.* ouch ist mir der künec
hêre / vîent und al sîne man.

ist uns der künec und sîne man.
der kraft wir leider niht enhân,
daz wir gein in ze strîte tügen,
1630 unser lant wir niht erweren mügen.
lân wir uns nu besitzen hie,
swaz er ir vor bî lîbe lie,
daz begünde er nu tœten
und jæmerlîchen nœten;   *42'*
1635 des heten wir immer schande,
ob wir blîben in dem lande
und wir daz ungerochen lân,
des muoz man uns vür zagen hân.
sô wir leider sîner kraft
1640 und sîner grôzen ritterschaft
gegenstrîte sîn ze kranc,
wer wil ouch uns des sagen danc,
ob wir mit willen werden erslagen
und sie prîs an uns erjagen?
1645 swâ der man niht strîten kan,
dâ lâ von, daz ist guot getân.
sô grozes hazzes er uns giht,
er nimt ouch uns ze gnâden niht,
swelcher unser des an in gert,
1650 der ist sîn vil ungewert.
ob ir ez râtet alle
und ez iu wol gevalle,
ich mac imz rûmen âne schemen.
über mer wil ich daz kriuze nemen
1655 und suochen mînes hêrren grap,   *43'*
der sich gar unschuldic gap
durch mich schuldigen in den tôt,

1631 La   1633 begunde   1641 Gegen strite sint   **1648** niyt, *darüber früher*
Farbschicht, auf der die Verbesserung niht *stand*   **1652** ez *fehlt*

1630 *A IV 36f.* ig nemag *mig* ime langer niet irweren.   **1654f.** *A IV 37f.* nu
wil *ig* varen over mere / ind sûchen dat hei*lige* graf; *B 1810ff.* daz wir füeren
über mer ... *(1814)* daz wir durch in daz kriuze nemen / ze dienste dem hei-
legen grabe.

der bedenke mîn unverdiente nôt,
die ich von dem keiser hân.
1660 er muoz uns mit gemache lân,
sô wir im entrîten.
mit wem wil er dan strîten?
mir ist vil wæger, daz ich var,
dan daz mîn volc ersterbe gar.«
1665 Grâve Wetzel und die werden man
jâhen, ez wære guot getân.
dô wart die mervart gesworn,
fünfzec werder man ze im erkorn,
die über ein des quâmen,
1670 mit im daz kriuze sie nâmen.
in diutschen landen überal
von dem fürsten daz erhal,
daz er gelobte die übervart.
manic helt des erfröuwet wart,
1675 der ouch got dâhte ze dienen, 43'
daz mohte erwenden niemen.
dô wart des küneges hervart
widerboten und verkârt.
er sprach, durch waz er solde tuon
1680 die hervart, sô sîn stiefsun
vor im rûmte daz lant.
an sîn wort jâhen zehant
vil fürsten unde wâren frô.
die küniginne heimlîch dô
1685 fünfhundert mark im sande,

1662 danne   1663 wegerer   1664 Denn   1667 Da   1673 globit
1674 erfreut   1684 heymelichen

1665/70 *B 1851ff.* der herzoge und sîne man / ... *(1853)* dâ sie daz kriuze
nâmen.   1667f. *B 1859ff.* und daz fünfzic sîner man / mit im wolden varn
dan, / die der tiwerlîche helt / ze sîner verte hæte erwelt; *zu* 1668 *noch B 1747f.*
er las ûz den nôtfesten / fünfzic die aller besten.   1673-75 *B 1887-89* sie
bereiten sich übers meres fluot. / des fröut sich manic helt guot, / die ouch gote
dienen wolden.   1684f. / 95-97 *B 1894ff.* sîn muoter die künigîn sande im
dô / fünf hundert marc ze stiure / und manic pfeller tiure, / hermîn unde sîden
wât.

als ir triuwe sie des ermande
und liebe, die sie zuo im hete.
vil wê daz irem herzen tete,
daz sie in niht sehen muoste,
1690 daz ir herze fröuden wuoste
und ir werden wîpheit
brâhte manic herzenleit.
sus lêret wîplîche triuwe
nâch kinde wesen in riuwe.
1695 noch sande im die gehiure
manic sîdîn tuoch tiure,   44ʳ
sâmît, pfelle, baldekîn.
mêr sande im die künigîn
vil zobel, hermel unde bunt.
1700 ouch sande im ir rôter munt
mangen getriuwelîchen segen
und daz sîn got müeste pflegen.
      Sich berihten die wîgande
ûf die vart mit gewande
1705 wol nâch rîcheite siten
wol gezieret und gesniten;
harnasch guot, georset wol,
der beider bedarf man in strîte wol.
dô die hêrren ûf dem wege
1710 fuoren under des kriuzes pflege,
als in der hôchgelobte got
und ir ellen daz gebôt.
dô quâmen ze dem fürsten dar,
die ouch heten ê die var
1715 gote gelobet über mer,   44ᵛ

1686 Als sie yr truwe sie   1687f. het : tet   1695f. geheuwer : teuwer
1701 manegen   1704 die] der   1711 Also; hoe gelobte   1712 daz *fehlt*
1714 ê *fehlt*

1703-05 *B 1887* sie bereiten sich übers meres fluot *u. 1874f.* mit sô rîchem
gwande / rûmten sie daz rîche.   1713, 1716-19 *B 1914ff.* zuo im kam mit
manigen scharn / vil ritter ... / *(1917)* die in bâten durch got / ... *(1921)* daz
sie möhten mit im varn, / wan er kunde sie bewarn / ... *(1925)* unz in die burc
ze Jêrusalêm.

55

die bâten den fürsten hêr,
daz er ze der arbeite
wære ir hêrre und ir geleite
biz ze Jêrusalêm in die stat.
1720 der herzoge got mit lobe bat,
daz er im eine sô schœne schar
ûf den wec het gefüeget dar.
er sprach: »nu sît mir willekomen!
unmâzen gerne vernomen
1725 ich iuch an diser verte hân,
brüeder, friunt und liebe man.
got hât iuch selber her erwelt
und ze sælden mir gezelt;
ich wil guot unde leben
1730 durch got mit iu in wâge geben.
ir sult mich ze bruoder und gesellen
iu und niht ze hêrren zellen.
mit williclîcher triuwen kraft
brüederlîch geselleschaft
1735 ich vor gote iu gelobe;   *45ʳ*
ichn sol iu nihtes wesen obe,
irn habet mirz gelîche.«
sie dieneten im grœzlîche
sô volliclîcher êren
1740 und bâten des den hêrren,
daz si in den vil werden man
als iren hêrren müesten hân,
durch die gotes güete
der herzoge sich dêmüete

1717f. arbeit : geleit   1721 so ein   1723 wilkomen   1726 frunt bruder vnd
1730 *Ahlg.*] in die w.   1731 ze *fehlt*   1734 gesellschaft   1736 nichts
1738 grosseleiche   1740 heren   1741 Vnd den   1742 Das sie yn also yren

1723-26 *B 1934ff.* dô sprach der ellenthafte man: / ich hân iur rede wol vernomen. / nu sît gote willekomen, / vil lieben friunde, unde mir.
1731f. *B 1952-55* ich wil iuch alle gern enphân / ze bruodern und ze gesellen. /
ich ensol mich nimmer gezellen / iwer keinem ze hêren.

56

1745 gein in, swâ er konde;
     lieplîche er mit in wonde.
       Doch wâren die wîgande
     niht komen ûz ir lande,
     in beleite vil der werden man,
1750 die er dâheime wolde lân;
     den bevalh er liute unde lant,
     ob ez würde alsô gewant,
     wolde iemen ûf sie rîten,
     dem sie möhten niht gestrîten,
1755 daz sie daz wægeste tæten
     und got umb in bæten
     und ouch die lieben muoter sîn,
     daz sie ir bevolhen lieze sîn
     sîne liute und daz verderbte lant
1760 unde got ouch umb in mant
     und daz lant ze ir næme,
     biz daz er widerquæme;
     ergienge ez alsô, daz er belibe
     und daz man in die wârheit schribe,
1765 daz sie sîn sêle bedæhten
     und ez darzuo bræhten,
     daz in dem lande die pfafheit
     sîner sêle dienstes wær bereit
     dem süezen gote ze êren
1770 und sîner muoter der hêren,
     der unvollobten maget klâr,
     die âne swære Krist gebar,
     âne sünde und âne meil.
     er sprach: »got gebe uns allen heil
1775 und mir ze dienen im alsô,
     daz des mîn sêle werde frô.«

Dô der fürste lobesam
urloup von sînen liuten nam,
dô wart manic ouge naz.
1780 nu wer möhte gelâzen daz,
dô alsô von sînem lande
ein sô werder fürste wande
und schiet von den sînen?
nu muostens sich drumb pînen.
1785 ez het der herzoge wol bedâht
von kindes jâren darzuo brâht,
daz beide wîp unde man
im wâren mit dienste undertân,
sô het er alle sie gewent.
1790 ob sich tougen nâch im sent
inder minniclîchez wîp,
alsô daz riuwic wart ir lîp,
als ir die triuwe daz gebôt,
die mohte wol den hôhen got
1795 ze allen zîten umb in biten
gar mit flêhelîchen siten,
daz er in an der reise
ûf der verte vreise
ze aller zîte müeste bewarn.
1800 swelh fürsten sô von lande varn,
daz zimt ouch iren fuogen sô,
daz sie sint ires heiles frô.
    Ernst was frô und wol gemuot,
daz sô manic ritter guot

46ʹ

1784 *Ahlg.*] musten; darumb   **1785** hertzog   **1790** tougen *v.d.H.*] tugent
1792 *v.d.H.*] ruwet   **1793** Also yr   **1795** Zcu alle   **1799** tzit must
1804 Daz *(vgl. B 2000)*] Vnd

1777–79 *B 1976ff.* dô er urloup genam / . . . *(1978)* von sînen mâgen und mannen / wart geklaget alsô sêre.   **1781–84** *B 1980ff.* daz man nimmer mêre /
vernimt von solhen leiden, / dô sie sich von im scheiden / muosen unde solden.
1803–09 *B 1962ff.* der herzoge was vil wol gemuot, / daz er sô manigen werden
man / ze sîner reise gewan *u. 1999ff.* der herzoge Ernest was gemeit, / daz sîn
schar was sô breit, wan im volgte gên dem mer / ein vil kreftigez her.

1805   und knehte ze strîte herte
       volgte ûf sîner verte.
       alsô mêrte sich sîn schar,
       er hâte dô wol tûsent gar
       ellenthafter degene,
1810   des lîbes erwegene,
       harte rîchlîch gereit
       ze der werden arbeit.
       ûf der vart frœlîche
       was der muotes rîche,
1815   er fuorte daz volc gemeine,
       niht enwas, daz eine
       er vor ir deheinem wolde hân,
       ern teilte ez mit den werden man.
       den prîs der fürste het bejaget:
1820   in swelchem lande, sô man saget,
       daz er darzuo solde komen,
       alsô er daz hete vernomen,
       swelcher was in dem lande wirt,
       sô was des Ernest niht verirt,
1825   im erbüte ez ie der wirt wol
       und pflac sîn, als man fürsten sol
       schône und êrlîchen pflegen,
       und gap sîn kleinôt dem degen
       und andern werden mannen
1830   und beleite sie von dannen.
       swaz man den biderben êre tuot,
       daz ist billîch unde guot;
       disen zwîvaltigen lôn
       der êrengernde hât dâvon,
1835   daz man in ûf der erden

47ʳ

47ᵛ

1806 volgit   1808 dô *fehlt*   1815 furt   1817 *v.d.H.*] deheinen
1819/20 *umgestellt*   1819 Des p.   1822 So er   1825 erpotes   1827 Schon
1832 *Ahlg.*] billichen; vnd

1807-09 *B 1965ff.* er het ze flîze wol gar / tûsent ritter an sîner schar / erwelter
wîgande.   1813f. *B 2003* sie fuoren frôlîche dan.

59

hât immer liep und werden;
den andern lôn er empfât
von dem, der uns geschaffet hât,
des lôn man findet rîche
1840   ûf erden und in himelrîche.
die den verdienen, wol sie wart,
die varn die frœlîchen vart!
    Ernst was ûf der sælden wege.
got hâte in in sîner pflege.
1845   dô er quam in Ungerlant,
dô wart der werde wîgant
dâ von dem künige rîche
enpfangen hêrlîche,
alsô wurden sîne man.
1850   im wart dâ êren vil getân,
beide silber unde pfert
gap im der edel künic wert,
als in beiden wol gezam,
dem künige und Ernsten alsam,
1855   dem wirte ze gebene,
dem gaste ze nemene.
rât und helfe er dâ vant.
er gap in kost durch daz lant
und hiez in der zagheit frîen
1860   durch den walt der Bulgarîen
beleiten sicherlîche
biz ze Kriechen in daz rîche.
    Sus zogte Ernst der guote
in frœlîchem muote

48ʳ

1841 Den die   **1860** pulgereien

1845 *B 2010f.* alsô fuoren sie dô dan / frôlîch hin in Ungerlant.
1846f. *B 2012ff.* dô daz dem künge wart erkant / ... *(2019)* er begunde vil wol
enphân / den herren und al sîne man.   **1851f. / 58 / 61** *B 2026ff.* dô gap er
dem helde / sîn gâbe frôlîche / und hiez in wirdecliche / leiten durch sîniu
lant / ... *(2032)* der künic frumte sie dô / durch der Bulgære walt.
1862–65 *B 2036ff.* ze Kriechen in diu (daz *b*) rîche. / sus riten die helde guote / mit frôlîchem muote / ze Constantînopel in die stat.

1865 ze Konstenopel in die stat.
     dâ vant er helfe unde rât
     an dem keiser hêren,
     der in mit grôzen êren
     vor in sînen landen hete
1870 und ouch noch williclîchen tete.
     man schuof in guote pfleger zuo,
     die beide spâte unde fruo
     des wol gemuoten fürsten klâr
     und sîner rotten nâmen war.
1875 man pflac sîn ze allen zîten wol,   *48ᵛ*
     als man friunde pflegen sol.
     in behielt der keiser hêre
     sehs wochen oder mêre,
     biz daz ein schiffunge quæme,
1880 die im ebene zæme.
     dô wart im ze leste
     ein schiffunge die beste,
     als sie gehaben moht daz mer.
     dô hiez Ernst der fürste hêr
1885 sich bereiten sîne man
     und tragen ûf die schif dan
     ir harnasch und swaz sie hâten.
     manic kiel wol berâten
     mit tranke und mit spîse
1890 schuof in der keiser wîse,
     volliclîch die lîpnar,
     der sie bedurften ze einem jâr.
     nihtes vergazzer,
     des man ûf dem wazzer

1865 konstnopil   1869f. het : tet   1871 pflege   1876f. her : mer
1881 letzste   1888 Vnd manig

1877f. *B 2065f.* dâ was der herzoge hêre / drî wochen oder mêre.
1879-83 *B 2067ff.* ê der künic erwerben kunde / ein scheph oder funde, / daz
dem herren tohte ... *(2072)* einen kiel er doch ze jungest vant / der in zer verte
wol gezam.   1888-92 *B 2074ff.* der edel künic lobesam / hiez sie in daz schef
wîsen / und volleclîche spîsen / mit guoter frischer lîpnar / diu sie werte ein
halbez jâr.

1895   zer nôt haben solde,
berihten er in des wolde.
Ernst der fürste hêre
dem Kriechen dankte sêre;
vür in er zühticlîchen trat,
1900   urloup er im geben bat.
    Dô hiez der keiser ungewegen
vil goldes tragen vür den degen,
darnâch alle sîne man
wolde er niht âne gâbe lân.
1905   im gap der keiser tiure
ûf daz mer sô grôze stiure,
er wolde im solche helfe tuon,
als ob er wære sîn sun.
dô sie wâren bereite,
1910   ûf die schif man sie beleite
alsô lieplîche,
als ob sie in dem rîche
alle wæren geborn.
durch Ernstes liebe wart verkorn
1915   manic frouwe wol getân,
den dâ entfuoren ire man,
die sie gesâhen nimmer mêre;
vil der zeher rêre
ir vart gap sunder lougen
1920   ûz werdes wîbes ougen,
die sie in sorgen liezen,
dô sie von dem stade stiezen,
die edelen ritter jungen,
und iren leisen sungen
1925   und sich gâben in daz ellende.

1898 Den   **1901** heis   **1905f.** teuwer : stur   **1916** yr   **1918** tzere
1920 *v.d.H.*] wirdes

1899f. *B 2084ff.* dô gienc der wætlîche man / vür den künec rîchen. / dô warp
gezogenlîchen / urloup der degen mære *u. B 2096* du solt uns nu urloup geben.
1901f. *B 2098ff.* dô hiez im der künic wegen / sînes goldes genuoc, / ze sînem
schiffe man daz truoc.   **1909** *B 2082* dô ez allez was bereit.

ûf dem mer het der genende
zwêne und zwênzic kiele starc,
an den sich rîche kost niht barc.
   Hin fuoren die werden alle
1930 mit ritterlîchem schalle
gein dem heiligen grabe;
sie wâren frô ûf der habe.
darnâch an dem fünften tage
huop sich jâmer unde klage
1935 und quam in riuwe manic wîp   *50ʳ*
umb ires liebes friundes lîp,
der in dem wâge sîn ende nam.
ich wil iu sagen, wie daz quam:
an dem fünften morgen,
1940 dô sich huop daz leitlîch sorgen,
alsô uns diz buoch vergiht,
die sunne erschein alsô lieht,
daz ez heten vür ein wunder
die marner besunder
1945 und betruobte in ir witze.
darnâch quam ein hitze,
nâch der hitze sturmwinde,
die daz mer erwegeten swinde,
daz ez begunde wuoten,
1950 und die kiel sô sêre muoten,
daz die marner jæmerlîche
riefen alle glîche.
sie mohten wol, ez tet in nôt:
sie sâhen vor in den argen tôt.
1955 zwelve kiele al dâ ertrunken   *50ᵛ*

1932 warn   **1933** an] uff   **1941** Als   **1955** Zwelff kyl; ertuncken *mit rotem r über der Zeile*

1929/32 *B 2130f.* und fuoren frôlîche, / daz ir freude nie gelac. **1933f.** *B 2132ff.* dô ez kam über den fünften tac / ... *(2134)* dô huop sich jâmer unde wê.   **1947f.** *B 2136* ein sturm harte swinde.   **1954** *B 2141* unde kurn den grimmen tôt (: nôt).   **1955f.** *B 2139f.* zwelve (*sc.* schef) zehant versunken, / die liute drinne ertrunken.

und alzemâl versunken.
die andern der wint alsô vertreip,
ir keiner bî dem andern bleip,
sie gesâhen einander nimmer mêr.
1960 diz unergetzte herzensêr
dem fürsten fröude gar benam.
swaz volkes mit im von lande quam,
bî im in sînem kiel daz was;
mit dem fürsten ez genas.
1965 dô klagte der fürste tiure
die werden Grâiure,
die in dem wâge ersturben
und sô jæmerlîch verdurben.
in selben wurfen die winde abe
1970 verre ûf die wilden habe,
dâ nie mensche hin komen was.
got half im, daz er genas.
ofte er quam in solche nôt,
daz er gewis het den tôt
1975 von den sturmlîchen unden,
diz geschach ze mangen stunden.
daz ir engestlîch geverte
volliclîch dâ werte
zwêne mânen oder mêr.
1980 die zît sie fuoren ûf dem mer,
daz sie nie stade gesâhen
noch grunt mohten gefâhen,

51^r

1965 teuwer   1966 Graiure *W. Grimm, Lexer I, 1066 und Steinmeyer, ZfdA 15 (1889), S. 221*] graseuwer   1978 volliclichen   1981 stad   1982 Noch ny

1957f. *B 2136ff.* ein sturm harte swinde / diu schef alle sô zetreip, / daz einz bîm andern niht beleip.   1959 *B 2146f.* daz ir keiner nimmer mê / den andern lebendic sît gesach.   1962f. *B 2156ff.* er hâte alle sîne man / ... (2160) die hâte er alle genomen / zuo im ûf sînen kiel.   1969f. *B 2164f.* dô sie wurden zertriben / sô verre ûf dem wilden sê.   1971 *B 2166* dâ weder sît noch ê / nie kein mensche hin kam.   1979–82 *B 2178ff.* fuor alsô swebende ûf dem mer / drî mânet unde mêre, / daz die recken vil hêre / nie kâmen ze lande. 1982–84 *vgl. B 2209* und sigelten in ein habe. / ir anker sie dô wurfen abe, / guoten grunt sie funden *(inhaltlich später)*.

64

swie vil sie von dem schiffe abe
die anker wurfen in die habe.
1985 fröude was dâ ze hove gast;
der kost den werden gebrast,
diz brâhte sie ze sorgen.
ez geschach an einem morgen,
daz diz ungevert gelac
1990 und quam ein lieht süezer tac,
der sie nâch leide machte frô;
die marner kurn von verren dô
ein lant, daz sie gesâhen.
dar begunden sie gâhen,
1995 sie begunden die segel hôch ûfziehen
und gein dem lande fliehen.
dô sprach der hêrren nûklir:
»werden man, nu gebet mir
ein vil guotez botenbrôt,
2000 got wil helfen uns von nôt:
ich hân erbûwet lant gesehen,
dâ uns wol heil mac geschehen.«
   Dô sprâchen die wîgande:
»komen wir ze lande,
2005 man sol dir in der ahte geben,
daz du maht frœlîchen leben.«
die werden wurden alle frô,
gote sie sêre dankten dô.
swie selden sô sie âzen,
2010 des hungers sie vergâzen,
dô sie vernâmen den trôst.
sie hoften, daz in würde kost,
wand sie an gereitschaft

51ᵛ

1983 den schiffen   1992 von verren kurn   1993 sahen   1999 gut
2000 vns helffen   2001f. gesehin : geschen   2011 vernomen

1986f. *B 2184ff.* wan in was der lîpnar nu vil gar zerrunnen ... *(2188)* sus
muosen die recken wesen / gevangen mit den sorgen.   1988f. *B 2194ff.* lieht
wart der morgen rôt ... (2199) ouch gelâgen die winde.   1993f. *B 2204f.* sie
sâhn in allen gâhen / ein vil hêrlîchez lant.

noch heten guotes volle kraft.
2015 swer sîne dinc ze gote lât, 52^r
er tuot im aller sorgen rât.
dô fuoren die helde guote
in frœlîchem muote
gein dem lande Grippiâ;
2020 eine burc sie sâhen dâ
vil schœne unde feste,
under allen bürgen die beste,
die sie noch ie gesâhen,
des sie gemeine jâhen.
2025 geworht von werke tiure,
geschâchzabelt stuont daz gemiure
und volbrâht gar reine
von liehtem mermelsteine,
von aller hande farwe
2030 wol bereitet garwe;
ouch mohte man gehouwen
dâ manic wunder schouwen
von vogeln, würmen, tieren,
daz die burc konde zieren.
2035 vil fester türme daran
lâgen, als ich vernomen hân.
dâ wâren von golde überal
ûf blâ lâsûr lieht gemâl
sunne, mâne und vil sterne;
2040 die geste sie sâhen gerne.
ein wazzer sie alumbe flôz
in wîter tiefe graben grôz.

2019 *Haupt, ZfdA 7 (1849), S. 275*] kipria   **2025f.** teuwer : gemeuwer
2026 *Bartsch zu B 2212 streicht* stuont   **2027** Volbracht vnd gar   **2041** alumb
2042 Ein w. t. grabe *Bartsch zu B 2212*

2020f. *B 2212f.* dô gesâhen si an den stunden / ein hêrlîche burc stân.
2025f. / 28 *B 2215ff.* miure, / diu was harte tiure / von edelem marmelsteine.
2026 *B 2223* geschâchzabelt und gefieret.   **2029–34** *entspricht inhaltlich*
B 2218–25 (2034 zieren *B 2224* gezieret).   **2041f.** *B 2230f.* ein grabe dar umb
geworfen was, / dâ durch ein wazzer flôz.

an den zinnen was ergraben
manic werc meisterlîch erhaben.
2045 die der burc von êrst erdâhten
und die sie vollenbrâhten,
den muoste armuot wesen tiure,
daz sach man wol an dem gemiure.
Aventiure dirre mære
2050 der êrste diutsche tihtære
ze latîne geschriben vant,
der sie ze rîme tet bekant
und offenbâr ze diute,
daz wunderlîche liute,
2055 daz lant von êrste erriuten
und die schœnen burc biuten.
Dô die wîgande
quâmen ze dem lande
und sie ze porte stiezen,
2060 ir segel sie nider liezen.
die rihte gein der veste
die ellenden geste
hiezen slahen ir gezelt
ûf ein wünneclîchez felt.
2065 der fürste sprach: »nu râtet an,
brüeder, friunt unde man:
sît uns got hie in daz lant
ze diser bürge hât gesant,

53^r

2049 Eventewr dirre *g*, Dirre âventiure   *Haupt, ZfdA 7 (1849), S. 264.*
2050 deutzsch   2055 *Lachmann zu Iwein 415, Haupt, ZfdA 7 (1849), S. 264*]
ernuweten   2056 schone; buweten   2059 borte   2063 slan   2067 hie
fehlt   2068 Hie tzu disser burg

2043f. *B 2233ff.* ouch wâren die zinnen / ... *(2235)* meisterlîch gezieret *(2242)*
... brustwer / gemâlt und meisterlîch ergraben (: haben).   2049–54 *B 2244ff.*
als wirz von den buochen haben / ... uns getihtet hât / sô rehte wol ze tiute. /
wunderlîche liute.   2057–60 *B 2251ff.* dô die guoten wîgande / kâmen dar ze
lande, / die sigel sie nider liezen, / ir barken sie ouch stiezen / und ankerten
zehant.   2065f. *B 2256f.* dô sprach Ernst der wîgant / beidiu ze friunden und
ze man.   2067f. *B 2259ff.* sît daz uns Got hât gesant / her in ditze schœne
lant / ze dirre bürge wol getân.

67

ob ir ez râtet alle
2070 und ez iu wol gevalle,
offen sint der bürge tor,
wir senden ûz uns einen vor,
der genendiclîchen gê
und uns erfare, wie ez stê
2075 umb die burc und umb daz lant,   53ᵛ
wie ez umb die liute sî gewant.
ob sie leben nâch dem toufe,
sô muoten wir an sie ze koufe
umb unser golt ir spîse.«
2080 aber sprach der wîse:
»vinden wir hie heiden,
wir sîn sô ungescheiden,
daz wir mit strîtlîcher nôt
an sie genenden durch got.
2085 ob ich die wârheit sprechen sol,
sô füeget ez uns allen wol,
daz wir alsô werben,
ê wir vor hunger sterben.«
sie sprâchen alle glîche,
2090 ez wære in behegelîche.
   Ein bote wart gesendet dar.
dô der volleclîchen war
des hûses ahte genam
und wider ze den werden quam,
2095 er brâhte in die mære,   54ʳ
daz die burc eine wære,
daz sie frœlîch dar quæmen,
grôz wunder sie vernæmen
und manger hande rîcheit,

2079 yrer spise   2081 hie die heiden   2082 ußgescheiden   2085 v.d.H.]
sprechel   2088 Ehir   2091 gesant   2094 tzu dem

2071 *B 2311* diu burctor wâren ûf getân.   2074/77 *B 2272f.* daz sulen wir
hiute ervarn, / ob sie heiden sîn od kristen.   2078f. *B 2274f.* und handeln daz
mit listen, / daz sie uns spîse ze koufe geben.   2088 *B 2283f.* danne wir durch
hungers nôt / in disem schiffe lægen tôt.

2100 die daz hûs hæte bereit.
      diz heten vür ein wunder
      die hêrren alle besunder.
      sie sprâchen alle gemeine,
      sie wæren durch got aleine
2105 ûz in sînem namen komen,
      ez gienge an schaden oder an fromen,
      sie trüegen ie der heiden vâr.
      dô gebôt der fürste in der schar
      und hiez überal den werden sagen,
2110 sie solden gemeine wâpen tragen.
      durch got suochten die werden dar
      und ouch durch die lîpnar.
      man hôrte sie den fürsten manen,
      daz sie warten ûf den vanen;
2115 darinne was ein kriuze rôt.   *54'*
      grâven Wetzeln er gebôt,
      daz er in allen gienge vor
      mit der banier gein dem tor.
      Wetzel williclîch daz tete,
2120 als in der hêrre geheizen hete.
          Dô zugen die ellens rîchen
      gein der burc menlîchen;
      dô sie dâvür quâmen
      und niemen dâ vernâmen
2125 ûf türmen noch ûf zinnen
      noch in der veste innen,
      sie dâhten, ez wære durch list getân,

2100 hett   **2102** herre   **2108** in der] in das   **2110** *Ahlg.*] sollen
2118 gegem tor *g,* gegen dem tor *v.d.H.*   **2119f.** tet : het   **2126** vesten

2103-05 *B 2286f.* sie sprâchen: wir sîn ûz komen / durch got und anders keine
nôt *und B 2280* sît wir durch got sîn ûz komen.   **2114-18** *B 2299ff.* einen
vanen, der was rôt. / dem grâven Wetzel er gebot, / daz er in næme in die
hant, / dô leite sie der wîgant / vil manlîche von dan ... *(2308)* dô truoc er
manlîche dan / den vanen unz an daz burctor, / dâ gestuonden sie dô vor.
2124-26 *B 2312ff.* dô sâhen die küenen man / nieman an den zinnen / weder
ûze noch innen.   **2127-29** *B 2322ff.* sie wellent uns mit listen / in die burc
bringen / ... *(2325)* ... sô wir dar în gân.

daz man sie sô wolde vân,
ob sie hin în quæmen,
2130 daz sie sîn schaden næmen;
daz was ir aller sorgen,
daz sich darumb verborgen
hæten die burgære.
Ernst der helt mære 55^r
2135 sprach: »ich enkume von hinnen niht,
ichn erfare dise geschiht,
daz diz hûs sô œde stât
und darûf ist doch voller rât.
swes die liute mac gezemen,
2140 den wellen wir gerne nemen
umb sus oder ze koufen.
nu habt iuch fast ze houfen,
wil uns iemen hie betriegen,
der mac im selber liegen.
2145 solden wir diz unversuochet lân,
des müesten wir immer laster hân;
ouch gedenke wir der nôt,
ê wir vor hunger ligen tôt,
wir weln mit türsticlîcher schar
2150 uns ê slahen umb die nar.
got, an dem ez allez stât,
swem er wil, den sic er lât.«
    Er und Wetzel giengen vor 55^v
über die brücke und in daz tor.
2155 in menlîchem muote
volgten in die helde guote:
dô sie in die burc drungen,

2135 ichn kum   2136 welle erfare   2148 Ehir; legen   2149 wullen
2150 ehir slan

2132 *B 2320* ich wæn, sie sich verborgen hânt.   2148f. *B 2335* ê wir kiesen hie
den tôt, *u. vgl. zu* 2088.   2150 *vgl. B 2337* und ander unser lîpnar.
2153f. *B 2342f.* und (ir sult) über die brücke rucken / mit dem vanen in daz
burctor.   2155f. *B 2353f.* dô giengen die helde guote / mit ellent- haften
muote.   2157 *B 2362* dô sie in die burc drungen.

70

iren leisen sie sungen.
dâ enwas weder wirt noch wirtîn,
2160 der sie hieze willekomen sîn.
die burc was lanc unde wît,
sie quâmen darîn ân allen strît.
dô giengen die helde tiure
schouwen daz gemiure;
2165 sie funden manic palas,
daz lanc unde wît was,
gemâlet rîche von golde,
als ez der haben wolde,
der ir von êrste erdâhte
2170 und nâch willen zuobrâhte.
sie funden an allen enden
alumbe nâch den wenden
küniclîche stüele bereitet,
ûf die esterîche gebreitet
2175 rîche tepeche wol geworht
mit grôzer kost unerforht,
ûferhaben gein den dachen
mit rîchen rückelachen.
vor dem gestüele sie funden
2180 vil taveln, die dâ stuonden
bedecket wol mit flîze
aldurch mit pfelleln wîze,
die gar an allen orten
mit rîchen breiten borten
2185 wâren wol gezieret,

56^r

2162 *Bartsch zu B 2353 streicht* allen   2163f. teuwer : gemeuwer   2167 rich
2169 erst   2172 alumb   2174 esterich   2175 geworcht *Verbesserung auf
weißer Farbschicht, davon nur noch* orcht *erhalten, unter dem weggekratzten* gew
jetzt bereit *sichtbar, vgl. V. 2173*   2181 Bedackt   2182 Al durch A*Klg.*] Also
durch g, Also *Bartsch zu B 2379;* pfellel   2185f. geziret : gewiert

2162f. *B 2366f.* dô giengen die helde âne strît / mitten in die burc stân.
2171/73 *B 2372* sie funden manic gestüele.   2179–85 *B 2379ff.* (si sâhen)
manigen tisch vil wünneclîch, / dar ûf phelle und golt rîch, / vil spæhe dâ zen
orten / genât mit edelen borten.

71

vil steine darûf gewieret.
sie funden ûf den tischen
von fleische und von fischen
aller spîse vollen rât,
2190 die wazzer oder die erde hât,
die der mensch genützen mac.
dâbî wîze semel lac,   *56'*
vil kopfe guldîne
mit mete und mit wîne.
2195 wol berihtet wâren die sal,
die sezzel von silber überal
reine geworht und geslagen.
wer die kost hæte dar getragen,
wer sie ezzen solde
2200 oder dâ sitzen wolde,
niemen den dâ ze wege sach.
  Nu lât iu sagen, waz geschach:
dô Ernst ersach die rîcheit,
die aldâ was ûzgeleit,
2205 Er sprach: »wir suln der êren
danken Got dem hêrren,
daz der reine süeze wîse
uns hât gefuoget die spîse,
die wir alhie funden haben.
2210 wir mügen uns nu wol gelaben
und hiute nieten guoter kost,
der wir lange haben gelôst.   *57'*

2196 von *fehlt*   **2197** Rein   **2198** hett   **2203** Ernst *v.d.H.*] er   **2210** nu
fehlt

2187-90 *B 2387ff.* sie sâhen ûf ieclîchem tische / fleisch brôt unde vische / ...
(2390) daz beste, daz iender kunde sîn.   **2193** *B 2394* köphe näphe goltrôt.
2194 *B 2389* môraz met clârêt und wîn.   **2195** *B 2385* (die tische) wârn ge-
rihtet vil wol.   **2196f.** *B 2383* daz gesidele daz was reine *u. vgl. B 2395* die
schüzzel von silber wol getân.   **2205-09** *B 2398ff.* dô sprach ze sîner ritterschaft / Ernest der vil küene degen / ... *(2402)* und sult vil flîzeclîchen / gedanken unserm trähtîn / der vil rîchen gâbe sîn / die er uns hiute hât gesant *u.*
B 2416f. danket unserm trähtîn, / der uns vil dicke hât ernert / und dise spîse
hât beschert.   **2210** *B 2429* daz ir den lîp wol gelabet (: habet).

72

ir helde ellens rîche,
ich bit iuch alle glîche
2215 und man iuch, als ir mir sît holt,
ez sî silber oder golt,
swaz diz hûs schatzes habe,
dâ lâzet genzlîchen abe
iuwer unverzaget gemüete!
2220 gedenket, daz gotes güete
uns nâch sorgen nie verlie;
daz hât er ouch bewîset hie,
er hât uns wol biz her genert
und hât daz mâl uns beschert,
2225 als sîn gotheit daz gebôt.
unsern kumber und unser nôt
hât der geber rîche
bedâht volliclîche.
wir suln mit willen daz bewarn,
2230 daz wir gein im iht missevarn,
und loben durch daz wunder
sîn gotheit besunder,
die rehter güete niht verbirt.
swaz uns der spîse über wirt,
2235 die sol man ze dem kiele tragen;
daz sol iuwer ein dem andern sagen
und sî des niht vergezzen,
daz wir uns iht überezzen.
ir sult bî der mâze wesen,
2240 ob ir wellet genesen.«
Die werden ze tische sâzen,
sie dancten gote und âzen,
darzuo sie hâten guoten tranc;

57

2215 sît] weset   2225 das sin gotheit   2227 *v.d.H.*] gaber   2229 sollen
2239 sollet   2241 tische *fehlt*

2218f. *B 2415* lât iu gar unmære sîn.   2223f. *B 2417f.* der uns vil dicke hât
ernert / und dise spîse hât beschert.   2231f. *B 2423f.* des lobt in alle besunder. / ez ist ein michel wunder.   2241f. *B 2448ff.* die küenen wîgande / über
die tische sâzen. / sie trunken und âzen.

in was die wîle niht ze lanc,
2245 sie begunden mære einander sagen
und ir ungeverte klagen
und den schaden, den sie nâmen
an den, die mit in quâmen
von Kriechenlande ûf daz mer;
2250 die verlust was Ernstes herzensêr.
dô dâ was genuoc gesezzen 58^r
und frœlîchen gezzen
und sie wol nâch ir willen tâten,
noch sâhen sie wol berâten
2255 die tische, als sie sie funden,
mit voller spîse stuonden,
als dâ nie ezzen wær getân;
des wunderte sêre die werden man.
dô giengen die vermezzen
2260 in der bürge nâch dem ezzen
beide embor und unden:
alle tür sie offen funden,
sie sâhen ûz vil schrînen
golt, steine, silber schînen,
2265 sie funden unmæzigen hort.
der gademe wende unde ort
die wâren des wol berâten;
spîshûs und keller hâten
guoten tranc und kost überal,
2270 daz sie daz ahten in der zal,
daz die ein künec mit grôzen hern
in langer zît niht möhte verzern.
Dô begunden die wîsen 58^v

2251 genug   2253 sie *fehlt*   2258 wundert   2260 burg   2265 Sie *Ahlg.*]
Hie   2266 ort *v.d.H.*] lort   2267 waren; braten   2268 Spîshûs *Ahlg.*]
Speisus   2271 hern *Bartsch zu B 2469*] eren   2272 mocht vertzeren

2251f. *B 2456* dô sie hâten gezzen.   **2259–64** *B 2455ff.* die helde vermezzen /
dô sie hâten gezzen, / ... *(2458)* in der bürge giengen umbe / und sâhen alle
besunder / diu manicvalden wunder / von golde und von gesteine.
2271f. *B 2469f.* ein künic und allez sîn her / hæte dâ von rîche zer.
2273f. *B 2474* ir schif daz spîsten sie dô.

74

iren kiel spîsen
2275 und jâhen, daz der süeze got
ire kumberhafte nôt
vaterlîchen hæte bedâht,
daz er sie dar hæte brâht.
ir deheiner wande sînen muot
2280 an deheiner slahte guot,
sie engerten nihtes wan der nar,
der sie bedurften ze halbem jâr.
dô sie daz getâten
und ir kiel was wol berâten,
2285 dô huoben sie alle
gegen got mit schalle:
»Nu helf uns daz heilige grap
und der sich durch uns darîn gap
mit sînen hêren wunden,
2290 daz wir ze Jêrusalêm funden
werden frœlîche
und in dem himelrîche!
got gebe uns den werden lôn
und singen kyrieleison!«
2295 dâmit giengen sie herabe
von der bürge ûf die habe
und liezen sich an daz gemach,
daz in mit vollen dâ geschach.
Dô der fürste geruowet hâte,
2300 mit Wetzel wart er ze râte,
er sprach: »ich sage dir mînen muot:
gevellet ez dir und ist ez guot,
wir zwêne wellen baz besên
die burc und noch vürbaz spên.

2281 nicht wenn   2282 *v.d.H.*] halben   2289 herren   2296 burg
2299f. had : rad   2302 ²ez *fehlt*

2297-99 *B 2475ff.* vil balde daz geschach. / sie fuoren wider an ir gemach / ...
(2480) und ruoten nâch ir arbeit.   2303f. *B 2487* und (daz ich) die burc baz
besehe, *vgl. zu* 2319f.

2305 als ich mich versinne,
    dâ ist etewer verborgen inne.
    wer gesach ie burc mit solcher kost
    sô gar der liute gelôst?
    wir wellen mit einander gên
2310 und lân daz volc alhie bestên,
    doch sagen wir den wîganden,
    ob wir werden bestanden
    dâ von in mit strîte,
    daz sie uns komen bezîte
2315 und uns die ellens snellen
    von dannen helfen wellen.
    ez gê ze schaden oder ze fromen,
    ich muoz ie hin wider komen
    und diz geverte baz besehen,
2320 swaz mir darumbe mac geschehen.«
    Wetzel sprach: »ich volge iu dar
    noch lieber dann anderswar.«
    der fürste ze den werden trat,
    helfe er sie gemeine bat
2325 und sagte in allen sînen muot.
    dô dûhte ez sie gemeine guot.
    im gelobten die ellens rîchen
    nihtes im geswîchen.
    dô giengen die zwêne werden man
2330 von dem here gein der bürge dan.
        Dô sie quâmen wider hin,
    dô geviel die burc in

59ʳ

2306 etewer   **2308** *v.d.H.*] gelust   **2310** lassen   **2317** gehe   **2319f.** bese-
hen : geschen   **2320** darumb   **2321** *v.d.H.*] Weltzel; voge uch   **2324** Helff
2327 globten   **2328** Nichts nicht gewichen   **2329** werde   **2330** heer

2306 *B 2513* dâ sîn noch inne liute.   **2309** *B 2490* welt ir mit mir dar gân.
2312-16 *B 2505ff.* daz wir dort sîn bestanden, / mit ellent- haften handen / uns
ze helfe komen über al.   **2317f.** *B 2524f.* wir suln benamen dar gân, / ez gê ze
schaden oder ze fromen (: komen).   **2319f.** *B 2487f.* und (daz ich) die burc baz
besehe, / swaz halt mir dar inne geschehe.   **2327f.** *B 2528f.* dô gelobten im *(b)*
die helde daz, / sie hulfen in (im *b*) von der nôt.   **2331** *B 2531* dô sie wider
kâmen gegân.

ie baz und ie baz.
       Ernest des niht vergaz,
2335   er besuochte daz hûs besunder
       obene unde under,
       die türme al gemeine,
       gadem grôz und kleine.
       daz hûs was gar rîche
2340   erbûwet lusticlîche
       von kunst und von meisterschaft.
       er gesach nie guotes solche kraft,
       als er dâ allenthalben sach;
       aller huote dem gebrach.
2345   die burc ûf dem gestade lac,
       grôzer zierde sie pflac;
       sie was vest unde guot,
       kein künec endurfte des haben muot,
       daz er ze keinen zîten
2350   die burc möhte erstrîten;
       des sie beide jâhen.
       dô sie sie wol besâhen
       und niemen drinne funden,   60'
       gâhen sie begunden,
2355   dâ sie vor die spîse nâmen.
       als sie in daz muoshûs quâmen
       und dâdurch wolden gên,
       dô sâhen sie besîte stên,
       daz in dâvor verborgen was,

2335 besucht   2337 torme alle   2348 endorfft   2351f. iahen : besan
2352 sie sich   2353 darynn   2354 Gâhen *(vgl. B 2558)*] Gegen   2355 Do
2358 beseit

2340f. *B 2548f.* von meisterlîchen sinnen / was sie gebûwen über al.
2345 *B 2552f.* disiu burc vil wol getân / stuont sô nâhe bî dem mer.
2348-50 *B 2554ff.* ein rîcher künic mit sînem her / wolde ir der geschadet
hân, / er müeses mit gemache lân.   **2352/54f.** *B 2557ff.* dô sie daz wunder dô
gesâhen, / dô begundens dannen gâhen. . . . *(2560)* dâ sie die spîse ê dâ nâmen
(: sie kâmen).   **2357-60 / 63** *B 2561ff.* dâ vür begunden sie dô gân. / dô
sâhens dâ bî nâhe stân / ein vil rîchez palas, / daz mit golde wol bedecket was.

2360   den allerrîchsten palas,
den ie fürste gewan
oder ie gesach kein man,
mit golde gezieret,
wît und wol gefieret
2365   an allen wenden reine
von tôpaziô dem gesteine,
der estrîch lieht alsam ein glas;
berihtet wol mit tischen was
und mit spîse kostlîche
2370   manic gestüele rîche;
dâ stuont kost, wilt unde zam,
als sie ûf fürsten tisch gezam.
    In dem palas wîte
stuonden kemenâten besîte
2375   mit liehten steinen wol durchworht,
daran was kost niht erforht.
sie sâhen dâ ein bette,
dem was armuot wette;
ez was von golde hôch erhaben,
2380   von spæhem werke wol ergraben
mit aller tiere geschaft,
vil steine, die dâ heten kraft,
alumbe daran gewieret,
mit schœnheit gezieret
2385   was ez wol envollen
ûf vier guldînen stollen,
darinne vier steine lâgen,

61^r

2366 topasion   **2368** Bericht es wol   **2372** *v.d.H.*] furste; zcam   **2377** dâ *v.d.H.*] das   **2380** spehen   **2381** Von   **2383** alumb; *Ahlg.*] geviret   **2387** vire

2371 *B 2391* dar zuo wilt unde zam *(inhaltlich früher)*.   **2374f.** *B 2570ff.* ein kemenâten wol getân: / diu was gezieret innen … *(2573)* von edelem gesteine. **2377** *B 2578* ein spanbette sie sâhen stân.   **2379f.** *B 2575f.* in liehtem golde schône erhaben / und meisterlîche wol ergraben.   **2382-84** *B 2583f.* mit berlîn gefieret / und mit steinen wol gezieret.   **2385-89** *B 2591ff.* sin wærn geworht mit vollen. / oben ûf den vier stollen / lâgen vier edele steine … *(2596)* und lûhten sam sie brunnen.

die darabe liehtes pflâgen,
als dâ brunnen quecke lieht.
2390 ouch was daz bette wol beriht
mit betten lieht gemâle,
bezogen mit zindâle,
dar obe zwei lîlachen klâr
von wîzem pfellel lieht gevar,
2395 dar obe ein deckelachen
von tiure kostlîchen sachen,
ein samît mit hermeln underzogen,
an gezierde daz bette niht was betrogen,
mit lîsten rîch dûmellenbreit,
2400 vil steine rîch darîn geleit
rôt, blâ, grüene als ein gras.
ein gestüele vor dem bette was
von klârem helfenbeine
wol erworht, ergraben reine.
2405 daz werc was wol ze lobene;
in der kemenâten obene
lâgen vier rôte amatisten
darîn geworht mit listen.
mit tiurem pfellel vollen breit
2410 daz gesæze was bereit;
vorn ûf dem estrîche
ein rôt samît rîche,
darûf man solde hinzuo gên.

61ʳ

2389 brenten   2393 oben   2394 wissen   2395 oben; decklachen
2398 An *(vgl. B 2602)*] Von; beth   2401 grun; gras *v.d.H.*] glas   2409 pfellel
(vgl. V. 2394)] pfelle   2413 gehen

2390-94 *B 2600ff.* zwei bette wâren drûf geleit, / mit rîchem pfeller wol bezogen / ... *(2603)* diu lînlachen [wâren] sîdîn, / ein deckelachen hermîn.
2398-2401 *B 2602ff.* an hôher kost vil unbetrogen ... *(2605)* dar umbe ein lîste
wol genât, / die man in hôher koste hât, / von edeln gesteine manicvalt.
2402-05 *B 2615ff.* eine sidel wol getân, / die sâhens vor dem betze stân ...
(2618) von wîzem helfenbeine / vil spæhelîchen ergraben.   2405 *B 2624*
stuonden wol ze lobene (: obene).   2407f. *B 2621f.* mit meisterlîchen listen /
vier grôze ametisten.   2409f. *B 2626ff.* ein pfeller tiure unde guot / ... *(2628)*
sus was diu sidel bereitet.   2411f. *B 2630f.* ein samît vierecke unde blâ / was
geleit an den esterîch (: rîch).

79

die werden vunden dennoch stên
2415 in einem venster in einer miure
zwêne kopfe tiure,
die guotes trankes wâren vol,
als küniges tranc wesen sol.
swâ herzog Ernest ie hin quam,
2420 solche rîcheit er nie vernam,
als er ûf der bürge vant,
des selbe jach der wîgant;
grâve Wetzel ouch daz selbe sprach,
daz er sulch gezierde nie gesach.
2425   Dô die helde gemeit
gesâhen sulche rîcheit,
besîte giengen sie ze tal
in einen garten bî dem sal,
der hâte volligen roum;
2430 darinne stuont manic zêderboum
mit esten loubes rîche,
darûf wünniclîche
sungen vil der vogelîn,
ir sanc niht süezer moht gesîn.
2435 mêr noch funden die jungen
zwei wezzerlîn ensprungen,
die durch die burc fluzzen
und nâch willen sich erguzzen,
als der ein meister het erdâht,
2440 der daz mit kunst het zuobrâht,
– die burc sie niergen funden arm –
daz eine was kalt, daz ander warm,
als ez wær gewermet lâ.
ein bat funden sie aldâ

62^r

2415f. mür : tür   2418 konigs   2422 selben   2427 Beseit   2442 Daz] Der;
daz] der   2443 er

2414/16-18 *B 2634ff.* zwên guldîn köphe tiure / ... *(2636)* sie dô stên sâhen, /
dar inne was der beste wîn.   2425f. *B 2645f.* dô die ritter vil gemeit / besâhn
die grôzen rîcheit.   2430f. *B 2652f.* manigen zêder grône / funden sie dar inne
stân.   2442 *B 2657* der ein was warm, der ander kalt.   2444 *B 2662* dâ bî
stuont ein schœne bat.

2445 gar lûter unde reine,
      von grüenem mermelsteine
      wol ûzgemûret und überzogen
      mit fünfzic hôhen swibogen,
      ez enkunde niht baz gezieret sîn.
2450 dâ stunden inne zwei büttelîn,
      die wâren rôt guldîn;
      die brunnen wâren geleitet darîn
      mit silberînen rœren.
      hie müget ir wunder hœren:
2455 swie man in dem golde   63ʳ
      daz wazzer haben wolde,
      entweder kalt oder lâ,
      also mohte man ez haben dâ.
      noch mêr ich iu sagen wil:
2460 daz wazzer ûz den butechen fiel
      in rinnen guot von silber grôz,
      daz ez in der burc alumbe flôz
      die rihte und ouch die krumbe
      in al der burc alumbe.
2465 darinne wâren alle wege
      von wîzem mermel, alle stege,
      dâ man solde gên, bereitet;
      daz wazzer was geleitet
      in daz hûs, dâ ez vienc mist,
2470 den vuorte ez hin in kurzer frist,
      sô wart daz hûs schœne gar

2450 Do   2452 borne   2454 Hir   2456 v.d.H.] wassen   2457 lâ auf z. T.
abgekratzer Farbschicht verbessert aus warm   2460 v.d.H.] tutchen
2462 alumb   2463f. recht; krûme : alumb

2446-53 B 2664ff. von grüenem marmelsteine / wol gewelbet und überzogen, /
gevest mit starken swibogen. / wie möhte daz zierlîcher sîn? / zwô bütten rôt
guldîn / die stuonden in liehtem schîne. / zwô rôre silberîne / ... (2672) die daz
wazzer dar în truogen.   2455-57 B 2674f. swederez man wolde hân, / warm
wazzer oder kalt.   2465f. B 2684ff. die strâzen dar inne / ... (2686) wârn von
marmelsteine.   2468-72 B 2681ff. ez was ouch geleitet, / über al die burc
gebreitet / ... (2692) sô mohte dâ niht bestên / weder daz hor noch der mist. /
in einer vil kurzen frist / sô wart die burc vil reine.

und alles unflâtes bar.
ist iemen an die stat komen,
da er rîcher hûs habe vernomen,
2475 wirt daz von im kunt getân,   63ʳ
der von Veldeke wol im daz gan.
    Dô Ernest allez diz gesach,
ze sîme gesellen er dô sprach:
»Wetzel, ob ez gevellet dir,
2480 uns abeziehen sulen wir
und den râm von uns baden;
ich hoffe, wir blîben âne schaden,
wir finden hie ruowe und guot gemach,
daz uns lange nie geschach.
2485 daz hât nu got uns gegeben.
wir müezen doch noch hertez leben
ofte ûf dem mere gewinnen,
ê wir dem entrinnen.
swâ uns gemaches kan gezemen,
2490 daz suln wir williclîchen nemen
und loben die gotes güete
mit rehter dêmüete.«
Wetzel sprach, der werde man:
»ich hætes gern gemuotet sân,
2495 dô enwoste ich iuwers willen niht;   64ʳ
sît iuwer zuht nu des vergiht,
daz wir uns hie wellen baden,
ich hoffe, wir tuon ez âne schaden.«
ir harnasch legten sie von in
2500 und giengen unverzaget hin
in die guldînen kuofen.

2475 im *v.d.H.*] yn   2476 veldecken   2478 sym; da   2482 an
2487 *v.d.H.*] Off   2488 Ehir   2490 sullen

2477f. *B 2699ff.* als Ernst der edel recke balt / disiu wunder manicfalt / in der
bürge gesach, / ze dem grâven Wetzel er dô sprach.   2481f. *B 2709f.* (niht) daz
uns künne geschaden, / unze daz wir gebaden.   2483 *B 2719* dâ wir gemach
mugen hân.   2491 *B 2717* nu loben wir unsern trähtîn.   2493 *B 2720* dô
sprach der grâve sîn man.

82

gemach sie in schuofen
und badeten frœlîche,
die helde ellens rîche.
2505   Dô sie gebadet hâten,
ir harnasch sie antâten
und giengen in den palas
hin wider, dâ daz bette was.
sie legten sich durch ruowe nider,
2510   daz mange berou vil sêre sider:
swie sie dâ wâren âne vâr
und aller angest âne gar,
sie muosten verzinsen daz gemach
vil tiure, daz in dâ geschach,
2515   ouch muosten gelden sie die nar,   64'
die sie hâten geholet dâr.
    Als dâ unlange was gelegen,
dô sprach Wetzel der degen
dem herzogen Ernsten zuo:
2520   »hêrre mîn, wes sûmen wir nu?
ez ist zît, daz wir ûfstên
und ze unsern brüedern gên,
die nâch uns warten disen tac.
wol sie nâch uns erlangen mac,
2525   sie enwizzen niht, wie ez uns lît;
sie mac dünken, daz uns strît
oder ander nôt bevangen habe,
daz wir niht mügen bekomen abe.«

2503 badeten *v.d.H.*] baten   2509 ruowe] ruhe   2510 *Ahlg.*] beruwe
2512 alle angst   2514 tewr   2515 sie *fehlt, es Ahlg.*   2517 unlange *Bartsch
zu B 2759*] lange *g, vgl. B 2760* ein wîle   2528 wir *v.d.H.*] mir

2503 *B 2745f.* in ir muote vil frô, / alsô badeten sie sich dô.   2505 *B 2747* dô
sie wol gebadet hâten *u. B 2729* und baden (padet *b*) kurzlîche.   2507 *B 2750f.*
durch den vil liehten palas (: was) / sie begunden gâhen.   2509f. *B 2754ff.* dô
leiten sie sich drâte / an daz spanbette wol getân ... *(2757)* und ruoten nâch ir
bade dô, / des wart vil maniger sît unfrô.   2517–22 *B 2759ff.* dô der herre und
sîn degen / ein wîle wâren gelegen, / der grâve Wetzel sprach duo / deme edelen
herren zuo: / »ez ist zît, daz wir ûf stân / und wider ze unserm schiffe gân.«
2524 *B 2766f.* sie mac des wol verdriezen / und von schulden erlangen.

Sie trâten von dem bette sân;
2530 dô sâhen die zwêne werden man
bî in an einer stangen
von gewande rîcheit hangen,
des art was in fremde;
die werden man zwei hemde
2535 an sich legten sîdîn, 65^r
zwei kleine jopel phellîn
und nâmen ouch vier senftenier:
niht mêr ze nemen stunt ir gir.
ûz den kopfen guldîn
2540 trunken sie den küelen wîn.
ir harnasch legten sie an sich,
alsô daz buoch berihtet mich.
ûz der kemenâten
in den palas sie trâten,
2545 des gezierde was sô grôz,
daz siez ze sehen niht verdrôz.
dô sie wâren komen hervür,
under ein gewelbe vür die tür
mit einander giengens frô;
2550 die wol gemuoten hôrten dô
eine stimme wunderlîche
unsüezer dœne rîche,
als al die kraniche überal
in die burc sunder twâl
2555 mit brahte wolden vallen. 65^v
dise zwêne nâch dem schallen,
dô sie den dôn verfiengen,
in ein fenster giengen

2529 den betten   **2549** gingen fro   **2551** Eyn   **2553** kranche   **2555** Mit brachte wolden] In die burg wollen *g*, Mit gebrechte wolden *Ahlg*.

2543–46 *B 2804ff.* zehant sie dannen giengen / ûz der kemenâte / durch den palas drâte, / der lûhte algemeine / ... *(2810)* gezieret was der palas. **2548f.** *B 2830ff.* dô giengen dan besunder / ... *(2833)* undr ein gewelbe vinster. **2550f.** *B 2818f.* dô hôrten sie in allen gâhen / ein wunderlîche stimme. **2553/56** *B 2822ff.* ob ez kraniche wilde / bevangen hæten überal, / alsô ungefüegen schal. **2558** *B 2834ff.* ... ein venster / ... *(2836)* dar în leneten sie dô.

nâch dem dône schouwen.
2560 sie sâhen ûf einer ouwen
ze der burc besîten
ein michel volc rîten
gar in hügelîchen siten.
sie wâren alle wol geriten,
2565 ouch lûhte die heide
gar lieht von ir kleide.
dô daz die fürsten sâhen an,
daz sie sô starc geschicte man
wârn an ir lîbe über al,
2570 helse lanc unde smal
sie hâten, als die kraniche snabel
(gefüege ein kleinez schâchzabel
dâmit hætens wol gezogen),
der grâve sprach ze dem herzogen:
2575 »hât ir sulch volc ie vernomen?
hie mac der wirt des hûses komen.«   66ʳ
  Der fürste ze dem grâven sprach:
»ich denke, daz wir diz gemach
müezen gelden und die kost;
2580 wir haben des deheinen trôst,
daz wir ûz dem hûse hinnen
mügen in entrinnen.
wir füegen uns in ein geberc
eteswâ in daz hole werc,
2585 biz wir rehte ersehen
ir geverte und daz erspehen.
swen sie sich in dem hûse bestaten
und ir dinc wol begaten,

2569 Waren   2571 kranche   2574/75 *vertauscht, doch schon vom Schreiber
durch rote Buchstaben zurechtgerückt*   2578 dissen   2580 keynen
2582 Moge   2584 Etzwa

2568-70 *B 2872ff.* an ir lîbe nieman vant / zer werlt deheiner slahte kranc, /
wan daz in die helse wâren lanc.   2570f. *B 3016f.* ir helse smal unde lanc, /
gelîch den kranichen gevar *(inhaltlich später).*   2577 *B 2936f.* der herzoge
sprach dô / zuo dem grâven sînem man.   2581 *B 2942* wir komen doch wol
von hinnen.

mügen wir danne von in
2590 âne strît komen hin,
daz suln wir nemen wol vür guot;
sie haben volkes michel fluot.
müezen wir uns aber mit strîte wern,
wir suln ir lange helse zern,
2595 daz sie des blîben nimmer frô.«
die helde sich bestatten dô
an einer heimelîchen stat,   66'
die Ernest vor gespehet hât,
bî dem palas nâhen,
2600 daz sie über al daz hûs sâhen.
ob sie ouch dâ wurden gesehen?
daz muost von ungeschiht geschehen.
Nu was der wirt mit sîner schar
sô nâhen der burc komen dar,
2605 daz sie gemeine erbeizten vor.
ein michel rotte durch daz tor
vor dem wirte quam gegangen,
die wârn überal bevangen
mit grôzer rîcheite;
2610 den wirt man darnâch leite,
an dem rîcheit niht gebrach.
Ernst und der grâve gerne sach,
daz der wirt hâte an sich geleit
ze næhest ein wîz sîdîn kleit,
2615 in der werlde nie gewart
kein fürste von sô hôher art,
er möhte ez wol mit êren tragen: 67'
ez was mit golde wol durchslagen,

2589 dann   2591 sullen   2594 sollen   2596 da   2597 heymlichen
2605 gemeyn   2609 grosse   2614 nechst; siden   2617 mocht

2599f. *B 2837* übr al die burc sie wol sâhen / beide verre unde nâhen.
2604-07 *B 2924ff.* kâmen ... / mit schalle vür daz burctor / dâ wâren sie er-
beizet vor.   2607-09 *B 3059* ... nu in die burc gegangen. / mit freuden
bevangen.   2614/23f. *B 3074f.* sîn hemde wîz sîdîn, / und einen roc bliât.
2618 *B 3081* der (gürtel) was mit golde wol durchslagen.

86

ûf den enden und ûf den orten
2620 umbeleit mit tiuren borten,
als ez Ernst der wîgant,
dô er in sluoc, an im vant;
ob dem hemde obene
einen roc, der was ze lobene,
2625 der wirt an sich gericket hât,
ez enwart nie sô rîche wât
gesehen an manne biz ûf die zît,
wol gesniten unde wît
mit mangen guoten lîsten,
2630 die daz gewant wol prîsten,
vil steine darûf gewieret;
die wât den hêrren wol zieret.
Nu mügt ir gerne hiezuo losen:
des selben truoc er ouch zwô hosen
2635 gestrichen eben an sîne bein,
dâvon erlûht manc edel stein
über al biz ûf die spitze   67ᵛ
zuobrâht mit spæher witze.
sîn hals was wîz alsam der snê.
2640 nu sult ir hœren rîcheit mê:
man sach in einen gürtel tragen
mit gesteine und golde wol beslagen,
daz ûf der erden nie kein man

2620 Vmblegit   2625 gesicket   2631 stein   2632 hern   2639 alsam] sam

2619f. B 3023f. al umbe an den orten / gevazt mit guoten borten u. 3078f. . . .
unz an daz ende / wâren borten rîch und breit.   2623f. (vgl. o. unter 2614)
B 3002ff. zwêne rocke . . . / die hêrren truogen dar obe. / die kleider stuonden
wol ze lobe.   2628f. B 3076 mit einer lîsten wol genât.   2631f. B 3067ff. dar
ane vil edeler steine / . . . (3069) mit golde verwieret, / sus wârn die hosen
gezieret.   2634f. B 3064f. der truoc umbe sîniu bein / zwô hosen die wârn vil
tiure.   2636f. B 3067ff. dar ane vil edeler steine / . . . (3070) gezieret / nider
ûf die spitze vorn.   2639 B 3009 wîzer danne kein snê (anderer Bezug).
2641f. B 3080f. einen gurtel hâte er umbe geleit, / der was mit golde wol
durchslagen. u. 3049 der (schilt) was mit golde alsô beslagen, / daz in daz nieman kan gesagen.   2643f. B 3092 (alsô guot gewant) daz man niender bezzers
vant.

deheinen bezzern gewan.
2645 einen zirkel gar rîchen
truoc der wirt wünneclîchen,
der im des landes hêrschaft jach.
die schœnheit Ernest gerne sach.
Zwên hêrren rîch geprîsten
2650 ein maget darnâch wîsten
under einer tiuren krône,
die was gebildet schône,
ir antlitz daz gap liehten schîn.
betrüebet was daz fröuwelîn.
2655 ez was die maget mære,
als sie erwünschet wære,
geschicket minniclîche,
der touwigen rôsen glîche
wâren ir wengel und ir munt,
2660 ir kinnel minniclîchen stunt,
ir brâ brûn, alsam ir hâr,
ir ougen lieht unde klâr
wârn vor weinen worden rôt,
des twanc die reinen grôze nôt.
2665 ez was die maget wol getân
mit manger swære befân,
des an fröuden sie engalt.
die hâte der wirt mit gewalt
dem künic von Indiâ genomen;
2670 wie solde ir daz ze fröuden komen?
diz was geschên mit grôzer nôt,
ouch sluoc er ir den vater tôt

2659 wengel *(vgl. V. 400)*] wengelin   **2668** hatt   **2669** konige

2645–47 *B 3082ff.* einen zirkel sâhens in ûf tragen / ... hie mite was daz gemeinet, / daz er des landes hete gewalt.   **2649f. / 52** *B 3090ff.* zwêne giengen nâch im sâ, ... *(3093)* die wâren vil hôchgeborn / ... *(3095)* ... sie fuorten zwischen in / daz allerschœnste megetîn.   **2662f.** *B 3251ff.* man muost der edelen frouwen / ir liehten ougen schouwen / von weinen trüebe und rôt (: nôt).   **2664** *B 3120f.* ir was von jâmer starke wê / des twanc si êhaftiu nôt. **2672f.** *B 3122f.* ... ir vater tôt (: nôt) / und daz ir muoter bî im starp; *vgl. B* 2903 sluoc in *(den König von India)* ze tôde; *zu* 2673 *vgl. inhaltlich B 2904* den kiel sancte er an den grunt / mit der küniginne.

und ertrancte ir die muoter;
ouch wolde der unguoter,
2675 daz in die maget werte
minne, der er gerte
wider ir willen und ir danc;
der wirt mit unfuogen ranc.
waz liebe möhte ich dem verjehen, 68'
2680 von dem mir wær sô leide geschehen?
ouch weinde die maget genende,
daz sie was in ellende
und darinne blîben solde
und daz sie haben wolde
2685 ir vînt, der ungetâne man,
des snabel sô eislîch was getân.
swen sie gedâhte an die nôt,
sô wær sie gerner gewesen tôt.
man fuorte sie ûf den palas,
2690 der sô rîch gezieret was;
sie satzten sie an eine stat,
dâ man ir schône bereitet hât.
der künic ir sînen snabel bôt
vil dicke an ir mündel rôt.
2695 dô begunde die minniclîche
weinen inniclîche.
ze gote sie durch helfe schrê.
ez tuot mir für die guoten wê,
daz sie leit den ungemach.
2700 ir herze von leide brach
in lût berndem krache 69'

2673 ertrencket   2679 mocht   2679f. veriehen: geschen   2680 were
2681 weint   2682 in *fehlt*   2688 gerne   2689 furt   2692 schon
2694 mündel *Bartsch zu B 3243*] mündelin   2695 So   2697 durch helfe
Bartsch, S. LV] tzu hulffe   2701 *v.d.H.*] bernden

2682f. *B 3278ff.* sol disiu frouwe wol getân / in disem ellende / belîben an ir
ende.   2689 *B 3132f.* hin fuorten sie die brût / in ein vil wünneclîchez gadem.
2691 *B 3172f.* die juncfrouwen wol getân / sazt man an sîne sîten dar.
2693f. *B 3245* den snabel stiez er ir in den munt.

rehte als ein dürrer spache.
ichn wolde selber dâ niht wesen,
solde ich dâ immer rîch genesen.
2705 in was kein ander rede kunt,
niwan als die kraniche tuont.
    Des hûses wirt unwîse
wol kôs an der spîse,
daz die burc feste
2710 gesuochet hæten geste.
dô giengen die amtman
in die spîsegadem dan,
ander kost sie holden,
swaz sie der haben wolden,
2715 wilt, zam und guote vische
und berihten wol die tische;
darnâch giengen die kameræere
von golde mit becken swæere
und mit vil tweheln wîzen,
2720 gezieret wol mit flîzen,
mit golde und mit gesteine
gefiert von werke reine.
der maget hiez man wazzer geben,
die hât verkoren frœlîch leben.
2725 dô sich daz fröuwelîn getwuoc,
den hêrren manz alumbe truoc,

69[1]

2702 Rehte] Offt   **2703** Ich enwolde   **2706** Niwan *Haupt, ZfdA 7 (1849), S. 276, A. 1*] Müam; kranche   **2707** *Bartsch zu B 3190 schlägt entsprechend B* vil wîse *vor*   **2711** *v.d.H.*] antman   **2718** mit *v.d.H.*] *fehlt*   **2719** tweln **2719f.** *Bartsch zu B 3190 schlägt* wîze: flîze *vor*   **2722** Getziret **2724** verkorn   **2726** manz alumbe] man alumb

2705f. *B 3152ff.* ir sprechen . . . / kunde disiu niht verstân, / sie hôrte wîp unde man / schrîen nâch der kraniche site.   **2707f.** *B 3190ff.* dô nam der truhsæze war, / der was hübesch unde wîse, / daz verzert was diu spîse. **2711–19** *B 3196ff.* dô hiez der truhsæze dan / ze kuchen balde springen / und ander spîse bringen.   **2715f.** *B 3217f.* fleisch, kæse und vische, / dô rihte man die tische *u. 3236* man gap dâ wilt unde zam.   **2717–19** *B 3177ff.* ûz guldîn becken swæere, / vil hôhe kameræere / . . . *(3181)* die knieten unde buten dar / die tweheln vil wîz gevar.   **2723/26** *B 3220* man gap wazzer über al.

die ouch sît mit fuogen
sich zühticlîchen twuogen.
des landes hêrre rîche
2730 sie satzte sunderlîche;
er bewîste in, daz sie wâren frô.
er nam wazzer und satzt sich dô
ze der wol getânen maget,
die ir leit mit zühten klaget.
2735 ir ezzen was dô kleine;
die minniclîche reine
siufzte tief hin ze got,
daz er an ir grôze nôt
durch sîne güete gedæhte
2740 und sie von dannen bræhte,
daz er ir helfe bære,
swie sîn gnâde wære.

    Der wirt bewîste ir guote gunst; 70^r
dô gebrach im dicke der rede kunst,
2745 daz in die guote niht vernam.
ir selbes lîbe was sie gram,
ir leit sie an ir selber rach,
ir hâr sie von ir houbte brach,
ir liehtez antlitz sie zerreiz,
2750 daz von ir ran des bluotes sweiz.
diz was Ernsten ungemach,
der wol der meide jâmer sach
und von irem süezen munde hôrt
dise klegelîchen wort,
2755 und daz die maget ellende
mit jâmer want ir hende.
sie sprach: »ouwê mir armen, wê,

2735 da   **2737** gote   **2739** sin   **2744** im] ir   **2746** Ir selbs   **2748** yrem
2751 ernstes

2732f. *B 3176ff.* der künic mit ir wazzer nam / ... *(3184)* dâ der künic rîche /
ze tische mit der briute saz.   **2745** *B 3282* sie vernimt ir sprâche niht.
2751-54 *B 3265* dô der herzoge ir jâmer sach ... *3256ff.* dô vernam ir weinen
und ir klagen / Ernst der fürste hêre. / ez erbarmte in vil sêre.

beide nu und immer mê!
wær daz nu, daz diser man
2760   mir nie dâheim leit hæte getân
und im mit willen wær gegeben,
sô hæte ich doch ein armez leben
und wære sælden gefrît
biz mîner tage leste zît. 70ᵛ
2765   waz sol ich armer weise
in sô getâner freise,
darîn ich gefüeret bin?
nu hât weder wort noch sin
dise ungehiure diet.
2770   ouwê des tôdes, der mich schiet
von dir, vater guoter,
und von dir, werde mîn muoter!
des muoz ich immer trûric sîn.
got hêrre, disen scharfen pîn
2775   an mir vil armen ende,
dînen tôt mir sende!«
michel was der meide klagen,
ich enkan ez halp niht gesagen.
der künic selden daz verbar,
2780   er wolde der werden maget klâr
bewîsen guoten willen
und sie von jâmer stillen:
swen er ir sînen snabel hart
twanc an ir rôtez mündel zart,
2785   sô huop sich ir ein niuwe nôt. 71ʳ
sie wære gelegen sô sanfte tôt,
sô daz sie ir vînt kuste;
wênic sie des geluste.
dô was doch zuht, man dienet in wol,

2760 het   2764 letzte   2768 wider   2769 vngehuer   2772 dir *v.d.H.*] der
2780 wolt   2784 mundelin; zart *v.d.H.*] hart   2787 koste

2783f. *vgl. o. zu* 2693f.   2787f. *B 3243f.* ob sie es übele luste, / als dicke er sie
kuste.

2790 als man ze fürsten tische sol.
      Dô Ernst der meide jâmer sach,
      dem grâven Wetzel er zuosprach:
      »die unmæzigen leide,
      die ich an der meide
2795 hie sihe und ir kumber grôz,
      tuont mich aller fröuden blôz.
      ez hât der ungestalte
      sie genomen mit gewalte.
      wie möhte sie minne dâ gezemen?
2800 ich sihe sie sich unmâzen schämen
      und irem süezen lîbe klâr
      erbieten vîntlîchen vâr.
      wir sîn immer die bœsen,
      ob wir sie nu niht lœsen.
2805 waz drumbe, ist ir ein grôzez her?   71ᵛ
      sie sint doch bî kranker wer.
      wir lân sie niden umb den soum
      und tuon ir umb die helse goum,
      die sint kleine unde lanc.
2810 ich müeste wesen harte kranc,
      ich enwolde ir eine vil bestân;
      ich weiz ouch dich sô vesten man,
      weln wir einander helfe geben,
      sie scheiden alle von leben.
2815 wir loufen gerihte sô hinvür
      und springen vorn in die tür;
      vernemen sie uns hie innen,
      wir mügen doch niht von hinnen

2791 megede   2792 grâven *Bartsch zu B 3265*] guten   2791 megede
2794 an] von   2796 Thud   2799 mocht   2805 darumb; *v.d.H.*] grosser
2807 lassen   2811 enwolde *v.d.H.*] wult   2813 Wullen

2791f. *B 3265f.* dô der herzoge ir jâmer sach, / wider den grâven er dô sprach.
2804 *B 3304* und lœsen sie von dirre nôt.   2805f. *B 2967ff.* diz vclc hât gein
uns kleine wer. / ob noch grœzer wære ir her, / sô vorhte ich sie vil kleine.
u. 3308 ob sie noch hæten grœzer her (: wer).   2811 *B 2970f.* ich wil alters
eine / tûsent bestân und mê.   2816 *B 3288* und zuo in springen in den sal.

komen von in âne strît.
2820 einez mir vil swære lît,
ob wir loufen zuo in dar,
daz sie die schœnen maget klâr
uns ze leide beiden
von dem leben scheiden.«
2825   Dô sprach Wetzel der helt: 72^r
»sît ir der meide helfen welt
und ich darzuo râten sol,
sô gevellet mir daz wol,
ob alsô iuwer wille ist,
2830 daz wir ez sparn ze dirre frist:
wir mügen vergeben lîhte daz spil.
des volkes ist unmâzen vil,
ir menige mac uns überladen,
dâvon wir gewinnen schaden.
2835 waz hilfet dan die maget daz?
wir mügen ir gehelfen baz,
swenn sie nu von dem tische stên
und über al ze mache gên
und ouch die maget wolgetân
2840 mit dem künige ist gegân
ze kamern und ze reste,
sô ist ez allerbeste.
âne sorge sie des sint,
daz sie dekeiner slahte vînt
2845 immer hie gesuochen.   72^v
der tür sie niht enruochen,
noch enwellen sie niht versliezen.
sô enlâ uns des niht verdriezen,
wir loufen zuo in unverzaget

2821 *v.d.H.*] louffer   2831 licht   2837f. sten : gehen   2844 sie *Ahlg.*] *fehlt;*
keyner

2822/24 *B 3335f.* sies scheiden von dem lîbe. / ... dem schœnen wîbe.
2832 *B 3325* hie ist michel volc inne.   2836f. *B 3336ff.* wir mugen dem
schœnen wîbe / verre baz ze staten komen, / ... *(3339)* sô sie von den tischen
stên (: gên).

2850 und nemen in die schœnen maget
     âne schaden, mit fromen
     mügen wir wol sô von in komen.
     ê dan daz volc über al
     in der burc vernimt den schal,
2855 sô sîn wir dort an dem mere.
     waz dan, volgt man uns mit here?
     dâ sol in ir geschütze
     wesen gar unnütze.«
     Ernest sprach: »ez füeget wol,
2860 gerne ich dir des folgen sol.
     sich, daz wir des goumen,
     daz wir uns iht versoumen!«
         Dô man hâte gezzen,
     nu was des niht vergezzen,
2865 dâ was fremder dœne vil
     und manger hande seitenspil;
     sie huoben sanc und lûten schal,
     der in dem palas suoz erhal;
     sie flizzen sich nu ze tanze.
2870 wâ sie truogen ir kranze,
     des wundert mich sêre.
     dô muoste die maget hêre
     mit in tanzen âne danc.
     Ernsten was die wîle lanc.
2875   Nâch dem tanze der künic sprach,
     die hêrren solden an ir gemach
     zogen alle glîche.
     in was gebettet rîche
     allen besunder,
2880 daz habe niemen vür ein wunder:

73^r

2850 schone   2852 wir so wol   2853 Ehir   2855 sint   2856 volgit
2867 sanc] tantz   2878 rîche *Ahlg.*] siche

2850 *B 3350* unde nemen dann die frouwen.   2863 *B 3363* daz der künic hâte
gezzen.   2866 *B 3379* alsô maniger hande spil.   2867 *B 3369* sie tanzten
unde sungen *u. 3376* grôzen schal.   2876f. *B 3398* sie schuofen alle ir gemach / und giengen ...

der künic mohte ez wol hân,
ez was ein vollen rîcher man.
dô daz gesinde und die geste
brâhten sich ze reste,
2885 der künic was selp zwelfte noch.
daz fröuwlîn truoc der sorgen joch,
daz ez âne mâze twanc;
ez muoste sunder sînen danc
mit dem snebelehten man
2890 an daz schœne bette gân.
dô Ernst die maget füeren sach,
ir jâmer fuogte im ungemach.
nu hâte iedoch der fröuden diep
die schœnen maget alsô liep,
2895 daz er âne iren danc
ungerne mit der guoten ranc
und ir niht wolde bî geligen,
ern möht mit fuogen ir angesigen.
daz er die fuoge an im hete
2900 und die zuht an ir tete,
des gan ich der guoten wol.
ir herze was jâmers vol
und volliclîcher bitterkeit,
ez truoc allen enden leit.
2905   Sich hâte ergangen hervür
der kamerære vür die tür.
ich enweiz niht rehte, wie ez geschach,
daz er dise stên sach.
der begunde ez mit der île spiln;
2910 des begunde ouch dise beviln,
sie vorhten die melde;

73^v

74^r

2886 truoc] twang   2887 Daz] Die   2892 fuget   2893 diep *v.d.H.*] giep
2895 an   2906 kamerer   2908 *v.d.H.*] dissen

2885 *B 3404ff.* daz dâ nieman beleip / wan zwelf sîner hœchsten man, / die der
künic muose bî im hân.   2905f. / 08 *B 3410ff.* einer des küniges holde / kam
in den winkel hin gegân / und sach dise zwêne stân.

96

dô gâheten die helde,
dem selben quâmen sie vür,
daz sie beviengen die tür
2915 und sich dâ mit im drungen.
dô sie hin în sprungen,
dô zucten die helde wert
unverzaget ire swert,
dô wart der kamerære erslagen;
2920 dô lac ouch grôz jâmersagen.
      Dô dise dem bette nâhten,
die snabelliute gâhten
und vielen die juncfrouwen an –
sêr daz mich betrüeben kan –
2925 daz verfluochte snabelvie
die snabel stâchen alle in sie;
sie wânden, daz die von Indiâ
hæten in gevolget nâ
und wolden nemen in die maget.
2930 die werden Beier unverzaget,
sie in daz niht vertruogen,
ir helse sie in hin sluogen,
sus râchen sie der meide nôt;
swaz ir dâ was, die bliben tôt
2935 sunder einer, der was sô karc,
hinder die tür sich der verbarc,
von dem der hêrre herûz entran
und rief über al des hûses man
und begunde daz mit jâmer klagen,

74ᵛ

2912 Da   2919 Da; kamerer   2920 Da   2921f. naheten : gaheten
2927 *Bartsch zu B 3420 streicht* daz   2929 *Ahlg.*] wüllen   2933/34 *umgestellt*

2916 *B 3440f.* dô sprungen die helde ziere / gên der kemenâte.
2926 *B 3426f.* mit den snebelen sie sie stâchen / allenthalben durch den lîp.
2927f. *B 3419ff.* dô wânden die von Grippiâ, / sie hæten in von Indiâ / vîent-
lîch gevolget dar.   2934f. *B 3447ff.* swaz in der kemenâten was, / daz ir keiner
genas / ern müese vor in ligen tôt, / wan einer gnas mit grôzer nôt.
2936-38 *B 3452ff.* der entran niht ze spâte / . . . (3454) hinder in er ûz der tür
spranc. *u. B 3457ff.* disiu mære brâhte dan, / der ûz der kemenâte entran, / in
die burc über al.

2940 daz sîn hêrre wær im erslagen.
     Nu was die frouwe hêre
verwundet alsô sêre,
daz sie daz leben muoste lân.
Ernst quam über sie gegân,
2945 Wetzel der vest gemuote
der tür die wîle huote.
Ernst sprach: »eiâ, süeze maget,
dem hœhsten gote sî geklaget
iuwer bitterlîcher smerze
2950 betrüebet ganz mîn herze,
ich muoz sîn immer jâmeric wesen.
saget mir, müget ir genesen?
des solde ich immer fröuwen mich.
sie möhten wol den gerich
2955 gein uns beiden hân getân
und heten iuch unversêret lân.
ich denke, ûf wîbes wirdikeit
ir sin sî laz und unbereit;
wær in ie ze keiner stunt
2960 frouwen güete worden kunt,
des soldet ir unverdrozzen
hân gein in genozzen.
wie möhtens immer fröuden wân
ze minneclîchen frouwen hân?
2965 nu ist ir gestalt sô ungehiur,
sie suln hiute engelden iur,
daz alle wîp und magetîn
des von in müezen erlâzen sîn,
uns gebreche dan swert unde lide,
2970 sie haben vor uns keinen fride.«

2940 herr   2956 vnuorsert   2962 Haben   2963 ymmer werden freuden
2965f. vngehure : uwere; *vor* gestalt *durchgestrichenes* vn   2966 sollen
2968 ym

2944 *B 3462* der herzoge über die frouwen trat.   2952 *B 3470ff.* nu sage mir,
frouwe wolgetân, / ob dich ieman müge ernern ... *(3473)* daz du genesest,
megetîn.

Ûf rihte sich die maget sân
und sprach: »Got danke iu, werden man,
ich gnâde des iuwern triuwen,
daz ich iuch kan sô riuwen.
75'
2975 ôwê, möhte ich noch genesen!
welt ir mîn helfer hinnen wesen,
des gibe ich iu ze lône
in Indiâ die krône,
die mîn vater dâ mit êren truoc,
2980 den dirre wirt ze tôde sluoc.
ich wil iu sagen, wie ez quam:
mîn vater hâte ein insulam,
dâr pflac er ze allen zîten
durch kurzewîle rîten;
2985 als wolde er aber hân getân,
dô widerreit im dirre man.
mîn vater was bî kleiner maht,
dâvon er in von lîbe brâht,
wan er keine vreise
2990 entsaz an dirre reise;
aldâ er mir den vater nam
und die muoter alsam:
die hiez der unhêre
ertrenken in dem mere
76'
2995 mit manger frouwen wolgetân.
mit im fuorte er mich von dan.
einen bruoder ich verlôs,
an dem ich grôzen schaden kôs,
des ist die krône und daz lant

2976 wult   2977 gebe   2981 wie ez] wies   2983 Der   2985 Also wult
2993 unhêre *v.d.H.*] vngehure   2997 Einen *v.d.H.*] Eyner

2972 *B 3502f.* zuo dem fürsten sie dô sprach: / Got lône dir der arbeit.
2975 *B 3516* vür wâr und solde ich nu genesen (: gewesen).   2988 *B 2896f.*
den künic selben hâte er dâ / brâht von dem lîbe.   2991f. *B 3552f.* dâ er im
(*3536* mînem vater) den lîp genam / und der lieben muoter mîn.   2996 *B 3559*
sus brâhten sie mich dannen sint *u. B 2914* heim fuorte er sie dâ.
2999f. *B. 3562f.* von rehte sol dâ nieman tragen / krône wan daz houbet mîn.

99

3000 gevallen an mîn einer hant;
      daz wil ich iu ze lône geben,
      helft ir mir hinnen mit dem leben.«
          Nu was die maget zarte
      versêret alsô harte,
3005 daz sie muoste von lîbe scheiden;
      mit wîzen henden beiden
      befienc sie dô ir houbet,
      daz den fürsten fröuden roubet.
      dô er die jungen sterben sach,
3010 sô leide im nie mêr geschach.
      als sie der tôt gestracte,
      der fürste die maget dacte
      mit einem zindâle   76^v
      von golde lieht gemâle.
3015 daz wazzer im durch die ougen dranc,
      sîn manheit starc mit kumber ranc.
      ez lac die maget mære,
      sam sie entslâfen wære
      und ninder tôten glîche.
3020 Ernst der zornes rîche
      den wirt von dem bette warf.
      Ir swert ze beiden ecken scharf
      vazten die genenden
      vaste ze den henden
3025 und sprungen ûzerhalp herfür
      under daz gewelbe für die tür.
      dâ erswungen sie ir lide
      an den burgern sunder fride.
      in dem hûse wart michel zabeln
3030 von den kranechsnabeln.

3000 myns eynen   3007 dô *fehlt*   3007f. heubt: roubt   3016 kumber]
manheit   3019 nirgent   3020 der] des   3023 Vazten *Ahlg.*] Vachten
3025 erfur   3027 erswunge   3028 burgaren   3030 *v.d.H.*] krachens
snabeln

3012-14 *B 3584f.* einen pheller von golde rîch / leitens über daz megetîn.
3022/25f. *B 3591ff.* giengen die recken (held *b*) drâte / ... *(3595)* in die burc
vür die tür (: dâ vür) / ... *(3598)* mit den scharpfen swerten.

sie velten ir vil vor in tôt;
sie liten ouch von in grôze nôt,
sie hiewen sich durch sie hinvor 77^r
in der burc biz in daz tor,
3035 daz was mit rigeln underworht;
dâ stuonden die helde unerforht
und wâren manges schützen zil
in ir schilde unmâzen vil
wart der pfîle gehaft,
3040 die sie sluogen abe mit kraft.
sie wâren sô dâmit verhaget,
daz den helden unverzaget
mit grôzen nœten daz geschach,
daz sie quâmen under ein dach.
3045 swer in ze rehtem râme quam,
zehant der sîn ende nam.
ez unfuogten die geste
vaste in der veste.
ob in der wirt vollen rât
3050 guoter nar geschaffet hât,
die sach man ungevuoge gelten.
ich hânz vernomen selten,
daz man sô sule wirte schônen: 77^v
sûr was ir lônen.
3055 nu was vertreten in daz tor;
nu warten ir ûzen dâvor,
die von dem schiffe snelle komen

3051 *Ahlg.*] vnfuge   3055 yn vertreten   3057 quamen

3031 *B 3648* des lac vil maniger vor in tôt.   3032 *B 3646* dâ von die unverdrozzen / muosen lîden grôze nôt; *A V,33f.* dô liden van deme gescuzze / di
herren michele nôt.   3033f. *B 3640f.* sie hiuwen eine strâze / vaste unz an daz
burctor (: vor); *A V 27f.* di helede gingen vor sig / faste an dat burge dor (: vor).
3035 *A V 31f.* di porte was zu gedân / bit grindelin beslozzen; *B 3644f.* diu
burctor wâren zuo getân, / mit rigelen beslozzen.   3036f. *A V 37 / 32* dô
stunden di degene dûre / (32) dô liden van deme gescuzze.   3040 *B 3662* mit
den swerten sies ab sluogen.   3045f. *B 3638f.* vil maniger von in verdarp, / der
in kam ze mâze.   3055 *B 3605ff.* nu wâren in der bürge tor / ... (3607) mit
volke gar vergangen.   3057-59 / 61 *B 3668ff.* nu heten den strît ouch vernomen (: komen) / ûf dem kiele ir geverten. / (3671) kâmen ... / (3672) in ze
helfe harte schiere. *A V 61ff.* dô hatten dat gestrîde vernumen / di herren in
deme kiele, / ind quâmen vil sciere.

wâren, dô sie hâten vernomen
daz geludem und den braht.
3060 sie giengen an daz tor mit maht,
sie wolden den hêrren helfen abe,
ob sie noch wæren bî lîbes habe;
ir banier vaste hinane brach.
der grâve Wetzel daz ersach.
3065 »hêrre«, sprach er, »uns kumet trôst.
wir werden nu vil wol erlôst,
uns koment dort die helde erwegen;
nu suln wir dringen in engegen!«
gegen dem tor die zwêne liefen,
3070 ir leise sie lûte riefen.
dô tâten sie der vînde goum,
sie machten in sô wîten roum,
daz sie sich ledigten hinvor
ze den iren vür daz tor;
3075 die helde vrech unde balt
dannen giengen mit gewalt.
von dem hûse er fuorte dan
noch der sînen tûsent man
wol berihter schilde
3080 gein dem kiele über daz gevilde.
dô sie dem begunden nâhen
über daz gevilde sie sâhen
gegen in komen mange rotte.
dô gienc ez ûz dem spotte
3085 Ernsten dem herzogen:
er sach sie alle füeren bogen
und faren nâch des landes siten
wol gefazzet und geriten,
als sie wolden ir frouwen,

78^r

3058 wâren *fehlt*   3061 hern   3062 waren   3063 vast   3068 sullen
3071 vihinde   3072 machte   3073 ledigitten   3088 gefast

3065 *B 3681* in kam helfe unde trôst (: erlôst).   3086 *B 3722* sie fuorten bogen
hürnîn.   **3086/88** *B 3719* die sâhens gein in rîten.   **3089f.** *B 3715* und
wolden die brût hân gesehen.

102

3090 die schœnen brût, schouwen.
     sie wosten umb ein hâr niht
     ûf dem hûs umb die geschiht.
     swaz ir darûf noch was beliben,   78ᵛ
     nâch Ernsten sie vaste triben.
3095 dô daz die komenden sâhen,
     sie begunden vaste gâhen,
     den kiel sie in underriten.
     dô muoste aber sîn gestriten
     von dem herzogen und den sînen.
3100 sie liezen ir manheit schînen,
     die sach man dâ gegen den hern
     als unverzagte helde sich wern;
     des was ot dâ dehein rât,
     die werden menlîchen tât
3105 sie an der undiet erzeigten,
     ir rosse und ir vil veigten.
     swaz ir in nâhen quam geriten,
     die wurden von in sô versniten,
     daz sie die hôchzît verburn,
3110 wan sie dâ ir ende kurn.
     dô begunden sie sich ab dem strîte
     von in halten an die wîte
     und tâten in mit geschôze wê,
     daz uf sie sam ein dicke snê   79ʳ
3115 die scharfen pfîle vielen;
     dâvon der von den kielen
     tôt vil gelac von der geschiht;
     sie mohten ir erloufen niht.
     ir bleip doch vil verre mêr

3093 bliben   3096 iahen   3099 und den] vnd von den   3101 dā gegen den
hern] geben da die hern   3104 worden   3106 Yr roß vnd sie vil; wegeten *g*,
neigten *v. d. H.*   3107 Swaz ir in nâhen] Was yr nahen yn   3114 Das sie uff
sie *(das erste* sie *eingeklammert)*

3108 *B 3630* ir wart von in sô vil versniten.   3118 *B 3798* sie mohten ir niht
erlangen. *A Marb. 30f.* daz er sis mohte gesaden / oder ir dicheinen irreichen,
vgl. 24.

103

3120 ûz dem unbehenden her.
ez trâten die genôze
alle ze einem klôze
und drungen mit kreftiger kêr
durch die vînde gein dem mer,
3125 dâ sie den kiel hâten.
grôzen mort sie tâten
an den snabelahten;
daz kan nieman volahten.
Ernst und sîne kumpân
3130 sach man dâ ze were stân,
alsô daz buoch berihtet mich;
sie schickten daz volc hinder sich,
sie hiezen daz ze kiele treten.
die marner dâ bereit heten
3135 an dem stade manic barke
veste unde starke,
darîn das volc allez viel.
dô sie quâmen in den kiel
und sie sich alle heten bestat,
3140 Ernest mit dem grâven trat
in eine bark ân iren danc:
dô wart manic pfîles swanc
nâch den zweien werden man
von dem lantfolc getân.
3145   Dô sie den kiel errungen,
gotes lop sie sungen.
dô liez der fürste ûf dem plân

79ᵛ

fünfhundert sîner lieben man,
âne die dâ wâren verwunt;
3150 den tete er rehte triuwe kunt:
er legte alle der wunden bant
mit sîner fürstlîchen hant
und kurzte in die stunde,
swâmit der werde kunde.   *80^r*
3155 er selbe manige wunden hete,
der glîch er doch niergen tete,
als ez im iht tæte wê.
dô hiez die anker ûz dem sê
der fürste ziehen und von dem stade
3160 kêren; michel was sîn schade.
den dulte der ellens rîche
durch got zühticlîche,
an den er sich genzlîchen liez.
dô man den kiel abestiez,
3165 selber huop an der jungelinc:
»wir lâzen alle unser dinc
an daz heilige kint,
des himel und erde alle sint,
den die unvollobte klâr,
3170 sîn muoter Mâriâ, gebar.
nu helf uns der heilant,
daz wir komen in sîn lant!
wir farn, Crist, in dînem namen,
nu hilf uns in dîn rîche! âmen!«
3175   Frô fuoren die genenden,   *80^v*
die gotes ellenden,
sie hâten wint, der was guot.
daz fröute wol der werden muot

3153 *v.d.H.*] kurtzen   3155 Er selbs   3156 *von v.d.H. weggekratzte Farbschicht mit Verbesserung* nyrgent *über* nymant   3157 Als er ym nicht
3159 *v.d.H.*] fuste   3164 ab stis   3173 *v.d.H.*] dinen mamen, *der erste
Grundstrich des anlautenden* m *später gestrichen*   3174 rich

3175/77f. *B 3842ff.* dô sande in unser trähtîn / zehant den aller besten wint /
... *(3847)* und wurden in ir muote frô.

ûf dem mere, als ich iu sage.
3180 sie sâhen an dem zwelften tage
ein grôzen stein alsam ein berc,
darunder von kielen manic werc,
als sie die fluot hât dar getragen,
die grôzen mastboume hôch ûf ragen.
3185 der berc sie wol erfröuwet hât,
sie wânden finden eine stat,
drin in geschæhe guot gemach.
Ernst ze sînen brüedern sprach:
»fröut iuch, friunt und werden man,
3190 got wil unser ruoche hân,
des gnâde uns hie nie verlie.
nu suln wir in der stat hie
die mære genzlîch erfarn,
wâ wir ze Jherûsalêm farn.
3195 sît uns got hât her geschaft,

wir haben noch guotes volle kraft;
daz wir etwaz hie verzern
und uns mit guoter spîse nern.
dise stete haben allen rât,
3200 swes der man gerunge hât.
darnâch sô sol man frâgen
und daz gelden ân betrâgen.«
Ez steic des kieles verge
den mastboum hin ze berge:
3205 dô er den stein reht ersach,
ze den werden er dô sprach:

81^r

3184 masboyme   3186 *v.d.H.*] funden   3187 Darin yn gesche   3189 friunt
v.d.H.] frewt   3190 ruoche *v.d.H.*] riche   3192 sullen   3204 masboum *(so
immer)*   3206 da

3179-81 *B 3890ff.* als ich iu nu sagen wil / ... *(3892)* sie kâmen an dem zwelften tage (: sage) / eim lande so nâhen, / dâ die helde sâhen / einen kreftigen
berc stên.   3185-87 *B 3902ff.* des wâren die helde balt / in ir gemüete vil
gemeit. / sie wânden alle ir arbeit / dâ solden überwinden. / sie wânden ouch dâ
vinden / bürge ...   3203-06 *B 3920ff.* dô steic der eine schifman / ze oberest
ûf den masboum / ... *(3925)* dô er den berc erkande, / ... *(3928)* ruofte er den
recken (helden *b*) sô.

106

»wir sîn vil übel her gefarn,
got müeze uns die sêle bewarn,
wir komen wider nimmer mêr!
3210 der stein liget in dem lebermer,
vil wol verstên ich mich des:
er ist geheizen Magnes.
ouwê diser bœsen fart!
der stein ist von sulcher art,
3215 daz ez manic mensche muoz beklagen.
swaz kiele mit îsen sint beslagen,
die ziuhet er an sich mit gewalt.
dort stânt die mastboume als der walt,
die er an sich gezogen hât.
3220 engestlîchen ez uns stât,
wir müezen alle daz leben
gote alhie ze zinse geben;
wir suln umb die sêle trahten,
unser dinc gein gote ahten.«
3225 Dô sprach der herzoge guot:
»wir suln wesen wol gemuot;
got, der uns geschaffet hât,
swaz der mit uns anegât,
des suln wir im gnâde sagen
3230 und nimmer des an im verzagen,
er behüet uns vor der helle nôt,
ligen wir in sînem dienste tôt.
ob wir daz erwerben,

3210 laber mer   3215 ez *fehlt*   3216 Was kylen   3218 stehin
3220 Engestlich   3223 sullen   3226 sullen   3229 sollen; im *wie* nu
geschrieben

3208 *B 4000f.* ir schepher sie dô bâten, / daz er in die sêle ruochte bewarn.
3209f. *B 3933ff.* wan wir müezen hie bestân. / den berc, den wir gesehen hân, /
daz ist ûf dem lebermer.   3212 *B 3897* der was geheizen Magnes (: des).
3214/16f. *B 3945ff.* von des steines krefte / ... *(3947)* die er von sîner art hât. /
swaz schiffe dar engegen gât / ... *(3951)* hât er sie zuo im gezogen / ... *(3953)*
habent sie et nietîsen (eisen *b*).   3218 *B 3900f.* dô sâhen sie vil masboume / in
den schiffen stên als ein walt.   3224 *B 3988f.* und schuofen ir dinc drâte / mit
allen dingen hin ze gote.   3225 *B 3968* dô sprach der fürste lobesam.

so mugen wir frœlichen sterben.«
3235 der kiel begunde gâhen
und vaste dem steine nâhen.
sô kreftic er in ruckte,
daz er mit hurte druckte
mangen kiel und den zebrach
3240 und vaste man in vallen sach;
wan sie verfûlet wâren,
als sie vor mangen jâren
mit gewalt der Magnêt
vast an sich gezogen hêt.
3245 die mastboum ûz den kielen
ûf der werden schif dâ vielen,
daz ez michel wunder was,
daz iemen darûf genas.

    Dô der stein Magnêt
3250 den kiel an sich gezogen hêt,
dô riefen die marnære
mit unfrœlîcher swære:
»ir hêrren, wizzet des gewis,
daz hie unser abelîbe is!
3255 nu berihte sich ein ieglîch man,
als er des frumen welle hân,
an der sêle hin ze gote
und ahte, daz sîn süezer bote
sî die unvollobte maget
3260 Marîa, an der niemen verzaget,
daz er an uns mache lîhte
unser sünde mit der bîhte

3240 man] nach   **3241f.** warn : iarn   **3254** ableibe   **3261** mache *Ahlg.*]
machte

3235f. *B 4002f.* nu wârn die helde gevarn / dem steine alsô nâhen.
3237-39 *B 4008ff.* sîn kraft fuort daz schif duo / dar an sô krefteclîchen / . . .
(4019) daz manic schif dâ zebrast.   **3241** *B 4028* die vûl wâren und alt.
3245-48 *B 4023ff.* ouch mac man daz vür wunder sagen / daz dise niht wurden
erslagen / von den masboumen in den kielen, / die von andern schiffen vielen /
. . . *(4032)* daz diz schif ie genas, / daz was ein michel wunder.

und daz wir sô werde enpfâhen
in mit flîze, suln wir des gâhen,
3265 sînen lîchnam und sîn bluot,
daz wir der helle sîn behuot.
des schîn bevât daz lebende brôt
und doch wart gewaltic got
und vater, hêrre, Jhêsu Crist
3270 ein in drîen persônen ist,
iemer wesende ân ende,
durch sîn selbes ellende,
daz der zarte durch uns leit,
der bedenke unser arbeit,
3275 daz die für unser schulde stê   *83ʳ*
und uns verber daz wernde wê!«
    Ernest dô der fürste sprach:
»Ich enbin niht ûz durch gemach
komen noch durch senftez leben,
3280 ich quam ûz, daz ich wolde geben
gemach umb betrüebet gemüete
durch die gotes güete.
durch in wil ich lîden nôt,
der vür mîn sünde leit den tôt
3285 und sîn bluot vergozzen hât
umb unser aller missetât.
nâch des willen sulen wir
stân an unverzagter gir,
daz wir den tôt hie durch in nemen
3290 und lân uns frœlichen des gezemen.
er dûhte mich ein tôre wesen,
der wolde hie für dort genesen.
werden brüeder, weset vrô,
got vater selber sprichet sô:
3295 in mînem hûse ist ein tac   *83ᵛ*
bezzer wan al die werlt mac.

3263 wert   3264 sullen   3267 beuehit   3272 enlende   3275 sten
3283 ich *Ahlg.*] *fehlt*   3293 *v.d.H.*] wesen   3294 spricht   3295 *v.d.H.*]
mymem   3296 *Ahlg.*] werlt gehaben mag

wir suln sîn vrô und gemeit,
willic wesen des bereit,
daz wir zer bîhte gâhen
3300 und den hêrren enpfâhen,
dâmit die sêle ist ernert,
swann sie von disem lîbe vert.«
  Dô gienc der edele werde man
und besuochte sînen kappelân,
3305 dem er sîn riuwic bîhte tete.
darnâch hiez er im ze stete,
der süeze fürste wîse,
geben die lebenden spîse,
gots lîchnam, daz gesegende brôt,
3310 daz guot ist vür der sêle nôt.
daz tâten ouch williclîche
sîne brüeder alle glîche.
ze gotes rîche sie pflihten,
an den tôt sie sich berihten
3315 aller mannegelîch,
alsô bereiten sie sich
ze der himelischen var.
sie wâren in eime muote gar,
daz sie iht dannen komen kunden.
3320 doch giengen sie under stunden
ûz in die alten kiel.
dâ funden sie unmâzen vil
hordes, der darinne lac,
und daz, des niemen enpflac.
3325 sie funden silber, gesteine, golt,
sie wosten niht, waz ez in solt.
harnasch, gewant, daz was nu fûl,
vil hienc an maneges kieles sûl.

84^r

3297 sîn *v.d.H.*] sey   3298 des] das   3299f. gan : enpfan   3305f. ted : stet
3306 im *Ahlg.*] *fehlt*   3313 gots   3315 manen gelich   3319 von dannen
3325 *v.d.H.*] funder   3327 *v.d.H.*] Harnach

3325 *B 4065ff.* silber golt und edel gesteine / . . . *(4067)* lac dâ . . .

110

vil gebeines sunder âs
3330 aldâ in den kielen was
von den, die ûf der gotes var
der Magnêt hât gezogen dar,
âne die man warf inz mer;
vil wart ir dâ der grîfen zer.
3335 Sus wâren sie in grôzer nôt;
ir gewisser trôst was ir tôt,
den sâhen sie vor in alle tage.
doch was daz der werden klage,
daz sie solden alsô verscheiden,
3340 daz sie mit den heiden
niht ze strîte solden komen.
daz in der trôst was benomen,
daz was den werden ungehabe.
sô lange sie swebeten ûf der habe,
3345 daz in die spîse abegienc;
der sterbe sie sô gar verfienc,
daz ir keiner genas,
biz noch Ernst selp sibende was,
der manege rîche rote
3350 gefrumet hete vor gote.
daz er gedâhte ie der var,
des fröut sich aller engel schar.
swenn der sünder sich bekêret,
im himel daz fröude mêret;
3355 swann der sünder buoze empfât
und treit die vür sîn missetât,
sô hât fröuderîchen schal
des himels gesinde über al.
Als ie gelac ein bruoder tôt,

84ᵛ

85ʳ

3333 in das   3334 v.d.H.] griffer   3344 der habe v.d.H., Ahlg.] dem wage
3348 v.d.H.] selb sobende   3350 hett   3351 er v.d.H.] fehlt   3354 In dem

3344f. B 4098ff. dô swebete daz gesinde / sô lange zît ûf dem sê / daz ... (4102)
wan in der spîse gebrach.   3347f. B 4110ff. daz dâ nieman genas / ... (4112)
wan der herzoge alters eine / und noch mit im siben man.   3359–61 B 4117ff.
swelhen ie der tôt nam ... (4120) in leiten die degen ziere / obene ûf des schif-
fes bort.

111

3360 herzog Ernest daz gebôt,
daz man in legte ûf des kieles bort;
dan fuorten in die grîfen vort
iren jungen ze neste.
Wetzel der muotes veste,
3365 dô er niht anders trôstes sach,
ze sînem hêrren er dô sprach:
»ich sage iu, wes ich habe gedâht,
dâvon wir hinnen werden brâht:
von den grîfen sô muoz daz geschehen.
3370 hêrre, daz lâze ich iuch sehen:
daz gevogel ist sô gewent
und mit den tôten her gezent;
nu warten wir bederben liute,
ob wir noch frische hiute
3375 in den kielen vinden inder,
die gewesen sint merrinder,
dârinne lân wir uns vernæn;
ich wil iuch lâzen daz besên;
als ich mich kan versinnen,
3380 wir komen alsô von hinnen.«
Ernst sprach: »wes sûmen wir uns dan,   *85*
ir lieben brüeder und lieben man?«
sie giengen an den stunden,
dâ sie guote hiute funden
3385 (diz hæte ein zage nicht erdâht),
sie wurden vür den fürsten brâht.
waz touc vil rede umbe sust?

3364 der] des   3369f. geschen : sehen   3372 getzemt   3385 hæte] het
3387 umb

3362f. *B 4124f.* die grîfen kâmen dar geflogen / und fuortens hin zir neste.
3369 *B 4173* daz muoz gwislîch dâ von geschehen (: spehen).
3374–76 *B 4176f.* unz wir in den scheffen vinden / etelîcher hande hiute *u.*
B 4204f. merrinder hiute sie funden / in den schiffen ein michel teil.
3377/80 *B 4185* und füerent uns von hinnen.   3383f. *B 4202ff.* zehant dô
liefens alle hin / zuo den kielen an den stunden. / merrinder hiute sie funden;
A Marb. 41ff. dô giengen die godes holden / after den kielen. / sie wnden harte
schire / groze merrinder hûde uil.   3386 *vgl. A Marb. 47* zû ir schiffe trugen
sie sie dô.

112

dâran ist niht wan verlust.
swer kurze rede machet lanc,
3390 des sagent die wîsen kleinen danc.
sie wurden under in drâte,
die werden, des ze râte,
daz under in die hêrsten
solden sîn die êrsten.
3395 dô legeten die werden man
alzemâl ir harnasch an;
ouch nâmen dô die helde wert
ir habe ein teil und ouch ir swert
und machten ire mezzer scharf,
3400 dô Wetzel disen rât entwarf.
doch sie vorhten sêr den tôt
und die jæmerlîchen nôt
und daz grôze ungemach,
daz einer an dem andern sach.
3405   Als ich die rede vernomen hân,
Ernst und Wetzel, sîn man,
die wolden bî einander wesen,
ez gieng an sterben oder genesen.
dô sie sich legten ûf die hiute
3410 und man sie darinne versiute,
als ich iu dâvor gelas,
niht mêr wan sibene ir dô was.
der herzoge sprach den fünfen zuo:
»ich mane iuch, lieben brüeder, nu
3415 rehter triuwe, daz ir
iuch lâzet füeren nâch mir.«
die viere im gelobten daz;

3395 legten   3397 dô *fehlt*   3399 machter   3403 gros   3411 las
3412 siben ir was   3413 *v.d.H.*] funfften   3417 globten

3391-94 *B 4219f.* ze râte se giengen under in / wer der êrste solde sîn.
3401 *B 4164* harte vorhten sie den tôt (: nôt) *(vgl. B 4390).*   3407f. *B 4226ff.*
wan ich mich nimmer gescheide / von im lebende noch tôt. / ... *'4231)* ze
genesen oder ze sterben; *vgl. A Marb. 58f.* ich inwil mich nimer gescheiden /
fan ime lebendic noch dot.   3409f. *B 4263f.* daz ein den andern besiute / in
die starken rindes hiute.

den fünften sulch unmaht besaz
und rehter siuche volle nôt,
3420 dêr jach, er wolde ligen tôt,
er enmöhte doch genesen niht.
dô huop sich jæmerlîch geschiht; 86'
dô liez der fürste hêre
vil der zeher rêre
3425 unde sprach: »ô werder man,
hân ich ie leides dir getân,
daz soltû, hêrre, mir vergeben
durch got und durch daz wâre leben,
daz er dir behalden hât.«
3430 Ernest sich in küssen bat;
dâmit die hêrren sorgen rîch
mit grôzem jâmer schieden sich.
Ûz truoc man die werden man
und legtes ûf den bort sân.
3435 die hêrren niht lange lâgen dâr,
die grîfen fuortens anderswar
und brâhtens iren jungen,
die vil mit in rungen
und mohten ir niht gewinnen.
3440 dise zwên wâren bî sinnen,
ûz den hiuten sie sich sniten
und giengen in hugelîchen siten
under den vels in einen tan. 87^r
ze gote riefen die werden man,
3445 daz er sie bedæhte
und in ir gesellen bræhte. –
froun Adelheite der künigîn

3421 enmochte   3424 tzere   3426 leit   3434 legte sie   3435f. da :
anderswa   3446 in *Ahlg.*] er yn   3447 Frauwen

3431f. *B 4268f.* daz scheiden was jâmerlîch, / daz sie von ein ander tâten.
3433f. *B 4272ff.* dise herren man dô nam / . . . *(4274)* und leitens ûf des schif-
fes bort.   3437 *B 4284* und fuorten sie ir jungen.   3439 *B 4288f.* und mohten
doch der spîse / nie niht gewinnen.   3441–43 *B 4292* sie sniten sich ûz unde
stigen / abe dem steine in den walt.

114

gemüete moht wol swære sîn,
ob ir unsanfte troumte,
3450 daz ir wîpheit ze sorgen zoumte
umb ires lieben sunes nôt;
ir wîplich triuwe daz gebôt.

Dô dise zwêne sâzen sô,
sie sâhen, des sie wurden frô,
3455 daz die grîfen zu neste gâhten
und ir gesellen zwêne brâhten,
die sich ûz den hiuten nâmen
und von den jungen quâmen
von dem velse hinnider
3460 ze Ernsten, irem hêrren, sider.
dô sie einander sâhen,
gote sie lobes jâhen
und bâten sîne güete
mit rehter dêmüete,
3465 daz er noch den zweien ellenden
sîne helfe wolde senden
und sie bræhte ze einander.
den trôst schiere vander,
Ernest und die sîne,
3470 die getriuwen pilgerîne.
dô sie von den zweien noch kôsten,
got wolde sie dô trôsten.
sie sâhen aber die grîfen komen,
die hâten die zwêne ouch genomen,
3475 der sie ze spîse gedâhten
iren kindern, den sie sie brâhten.
die von den wol quâmen dan
ze den vieren in den tan;

87ᵛ

3455f. gaheten : brachten   **3456** ire   **3460** ersten   **3472** da

3453 *B 4299* dise zwêne wârn alsô genesen.   **3455f.** *B 4303* (die grîfen) und
holden aber zwêne man, / dô sies ze neste brâhten dan.   **3458f.** *B 4306f.* die
lôsten sich ouch und stigen nider (: sider) / und genâsen vor den jungen.
3469f. *B 3883f.* der herzoge und die sîne / die edelen pilgerîne *(an früherer
Stelle).*

115

dô wurden sie einander frô.
3480 Ernst die lesten frâgte dô,
er sprach: »nu saget mir, lieben man,
wie habt ir unsern bruoder lân,
den gotes ellenden?«
dô sprâchen die genenden:
3485 »dô wir alle wâren bereit
und wurden ûf den bort geleit,
sulch jâmer wir nie bekorten,
als wir von im hôrten.«
sie sprâchen: »ez muoz uns immer mê
3490 tuon von rehten schulden wê,
swenn wir an in gedenken,
sô muoz uns sorge krenken.
sîn meiste klage, die er hete
nâch iu, hêrre, er die tete.«
3495 dô sprâchen gemeine die degen:
»got müeze sîner sêle pflegen!«
der werde sæleclîchen warp;
dô der ellende starp,
Christô er die sêle gap,
3500 den kiel kôs er vür ein grap.
Jhêsu, hêrre, vater guot
gip uns allen den muot,
daz wir nâch dînen hulden stegen
und von den sündlîchen wegen
3505 uns kêren unde fliehen
und ze dînen gnâden ziehen.
swer dîne wege mit wârheit bert,
eiâ, wie sæleclîche er fert!
    Lange in der wüestenunge
3510 giengen die helde junge
in rehter einfalde
irre in dem walde,

brechende swamme unde krût.
swaz in was ie gewesen trût,
3515 des was nu vergezzen;
diz was ir aller ezzen.
der guote wîn ûz Kipperlant
vergôz sich selten von ir hant.
der brunnen sie genuzzen
3520 und der sîfen, die dâ fluzzen,
sô sie wolden trinken.
galander, droschel und vinken
fröut sie der sanc, die hât der walt
mit süezem dône manicfalt,
3525 und ander vogelîn süezer sanc.
doch was in die wîle lanc:
den wec sie niergen funden,
den sie ûzkomen kunden;
ein gebirge gegen den lüften hôch
3530 die werden hêrren umbezôch.
    Dô sie in dem getwange
gewesen hâten lange
und nâch ir nare giengen,
ein wazzer sie verfiengen,
3535 daz durch daz gebirge flôz;
ez was lûter unde grôz,
darûz die wîganden
viengen mit ir handen
mangen grôzen guoten visch,
3540 den sie verzerten âne tisch.
in enwas dâ holz niht tiur,

89ʳ

3513 Brechende swamme *Bartsch zu B 4357*] Brechene samen   3514 Swaz in
was] Warn sie   3519 brunnen] blumen   3525 *v.d.H., Ahlg.*] Vndern v.
3530 vmb tzoch   3535 Daz durch *v.d.H.*] Das das durch, *das zweite* das *von
jüngerer Hand eingeklammert*   3541 In enwas] Yn was; nich

3529f. *B 4381f.* niderhalp von gebirge hôch, / daz sich ûf gên den wolken zôch.
3534/36 *B 4358ff.* dô kâmen die armen pilgerîn / an ein wazzer, daz was
grôz, / ... *(4361)* lûter unde wol getân.   3538f. *B 4365ff.* wan ez was gar
vische rîch. / die edeln recken lobelîch / ... *(4368)* mit den henden si ir gevien-
gen.

117

so sie sluogen ûf ir fiur,
sie mohten sieden und brâten,
ob sie die bereitschaft hâten.
3545 ich wæn, ir kochen wær dâ kurz;
sie enhâten pfeffer noch die wurz,
dâ enwas ezzich noch daz salz;
weder krapfe noch daz smalz
von den werden mannen
3550 selten lûte in der pfannen;
niht mêr sie guotes hâten,
dan als sie mohten brâten.
dem wazzer sie alles volgten nâch.
eines tages daz geschach,
3555 daz sie quâmen an ein vels grôz,
dâ daz wazzer durch flôz;
kreftic in dem getwenge,
gar snel was ez in der enge.
dô der fürste daz ersach,
3560 ze sînen brüedern er dô sprach:
»got wil an uns hie prîsen
sîn kraft und wil uns wîsen
durch disen vels ze lande.
ei, werden wîgande,

3565 wir komen ditz über ein,
wie wir ditz wunder und den stein
und des wazzers furt versuochen.
waz, ob unser got wil ruochen,
daz wir von sîner grôzen maht
3570 ze liuten werden wider brâht,
dâ unser leit noch zergât?«
sie vielen alle an den rât
und jâhen, sie wolden des niht sparn,
sie wolden durch den berc farn.

3542 sluge   3555 eynen   3560 da   3563 velchs

3556-58 *B 4383ff.* daz wazzer dâ durch hin flôz / . . . *(4396)* daz wazzer durch
den berc schôz / zeim loche, daz was enge. / mit grôzem gedrenge / ez durch
den berc ran.

118

3575 dô bereiten sie vil balde
an dem wazzer in dem walde
ze rehte lanc unde grôz
einen vast gebunden flôz.
dô sie sâzen darûf,
3580 gegen gote was mit flîze ir ruof,
mit ir leisen gâbens süezen dôn
und sungen: kyrieleison!
hin fluzzen die genenden
gegen des steines wenden.
3585   Ze gote was al ir gebete,   *90ᵛ*
daz er gnâde an in tete.
doch was ir geverte
durch den stein gar herte:
an die wende tet ir flôz
3590 mangen angestlîchen stôz,
der in ir fröude undersluoc.
daz wazzer in vil snelle truoc;
sie sâhen an mangen enden
beidersît an den wenden
3595 gezierde von gesteine,
des die hêrren kleine
ze den gezîten ahten.
ûf den tôt sie trahten,
den wânten sie gewissen hân.
3600 iedoch half got in von dan,
daz in war ze dem lîbe niht.
durch ein vinster sâhen sie ein lieht,

3575 beryten   **3578** vest   **3580** mit *Ahlg.*] *fehlt*   **3581** sie gaben
3583 genenden *v.d.H.*] genden   **3584** *v.d.H.*] steynens   **3585** alle ir *g,* ir aller
Ahlg.   **3590** engstlichen   **3594** an *fehlt*   **3600** in von *v.d.H.*] von yn
3602 vinster *Haupt, ZfdA 7 (1849), S. 278*] venster; sie sahin

3575–78 *B 4416ff.* dar zuo griffen sie dô sân / unde worhten schiere ein flôz, /
daz was starc unde grôz.   **3588–90** *B 4436f.* vil dicke sie in stiezen / manigen
unsenften stôz.   **3594f.** *B 4450f.* dô schein der berc inner gar / von maniger
hande steine.   **3600** *B 4442* dô half in unser heilant.   **3602–05** *B 4456ff.*
Ernst der edele wîgant / einen stein dar under sach / ... *(4459)* der stein gap vil
liehten glast.

daz bôt in ein edel stein,
der klâr ûz der vinster schein.

3605 dô den der herzoge ersach,
ze sînen brüedern er dô sprach:
»und wær unser geverte
noch eins alsô herte,
dirre stein uns volgen sol,
3610 er zimet uns ze volgen wol.«
dô er nâher darzuo quam,
sîn swert der ellenthafte nam,
den stein stiez er dâmit herabe;
er ahte in sân ûf grôze habe
3615 und daz der stein zæme,
ob er wider quæme,
in des rîches krône:
dârinne er liuhtet schône,
des die für wâr müezen jehen,
3620 die in dârinne haben gesehen.
der weise ist er dâvon genant:
ir wart nie keiner mêr bekant.
Swer niht rehte wil verfâhen
die rede und wil sich vergâhen
3625 und wil sie zeln ze einer luge
und ir niht wol glouben muge,
der endarf mir des wîzen niht
umb dise tât und die geschiht.
wil er die wârheit selber spehen
3630 und die geloublîchen sehen,
den wîs ich hin ze Babenberc,
dâ er des herzogen werc

3613 damit *fehlt*   3621 wise   3625 tzele   3627 weisen   3629 Wil *Ahlg.*]
Wirt   3629f. spen:sehen   3630 gleublichen

3617f. *B 4465* ins rîches krône man in siht.   3621f. *B 4462ff.* dâ von er wart
der weise / durch sîn ellen genant. / er ist noch hiute wol bekant.   3623-26 /
31-33 *B 4466ff.* von diu liuget uns daz buoch niht. / ist aber hie dehein man, /
der dise rede welle hân / vür ein lügenlîchez werc, / der kome hin ze Babenberc: / dâ vindet ers ein ende.

120

vindet in den buochen
û f dem tuome, wil erz suochen.
3635   Dô in got gehalf hervor
mit gnâden vür des velses tor,
dô stiezen die wîgande
von dem wazzer ze dem lande.
sie dûht, sie wæren nû genesen
3640   und grôzer sorgen entwesen.
got het in geholfen wol,
wan daz sie ungefüegen zol
hâten ûf den ünden
gegeben von ir friunden.
3645   got wold ir leit verkêren.
des danken wir dem hêren,
daz er die wil helfe wern,
die sîner gnâde helfe gern.
Ernst sich gnâden an im ersach,   92ʳ
3650   des wille nie an im gebrach,
darumb in got von sorgen lôst.
diz ist uns ein süezer trôst:
swer ze im helfe unde rât
suochet, daz er den niht verlât.
3655   alsô geschach dem herzogen hie
nâch sîner ger; ich sage iu, wie
daz der werde wîgant
in ellende gotes helfe fant.
Sie wâren frô nâch leide.
3660   über eine breite heide
quâmen sie in einen walt;
dâdurch strichen die helde balt
nâch dem liute, als ich iu sage.
sie quâmen an dem dritten tage
3665   in ein gar rîchez lant,

3634 er sie   3642 daz *fehlt*   3645 vorberen   3650 willen   3658 enelende
3663 als *fehlt*

3661f. *B 4487f.* die recken küene unde balt. / sie kâmen in einen grôzen walt.
3665f. *B 4500ff.* in ein vil (gar *a*) schœne lant / ... *(4505)* daz lant hiez Arimaspî.

121

Arimaspî ist ez genant.
fröuwen sie sich des begunden,
wol erbûwet sie ez funden.
daz volc ist wunderlich getân;
3670   niht mêr wan ein ouge sie hân
hôch ûf gegen dem hirne
oben an der stirne.
Cycropides sint sie genamet,
glîch gestirnet allensamet.
3675   ez sî man oder wîp,
sie habent alle starken lîp.
ein burc in nâhen lac,
die grôzer schœnheite pflac;
darzuo ein breite strâze gienc,
3680   die Ernest mit den sînen vienc.
dô sie vür daz schœne werc
wâren komen an den berc,
der wirt was gegangen vor
in kurzewîle vür daz tor.
3685   dô er die geste komen sach,
wie güetlîch er in zuo sprach!
er enpfienc sie zühticlîche,
er was ein grâve rîche.
sîner sprâche sie niht vernâmen,
3690   vor im sie sêre erquâmen.
der wirt mit milte geprîset,
sie selber in die burc wîset;
er schuof in allen den gemach,

92ᵛ

93ʳ

3673 genamet] genant   3674 gestirnt allentsampt   3676 haben
3678 schonheit   3690 sie *v.d.H., Ahlg.*] so

3669–73 *B 4514ff.* die liute wâren wunderlîch ... *(4518)* si heten niht wan ein
ouge / vorne an dem hirne. / sie hiezen einsterne, / ze latîne hiezens Cyclôpes.
3683f. / 87 *B 4530ff.* schiere wurden sie gewar / des grâven vor der bürge tor, /
der mit rittern dâ vor / kurzwîlen in den zîten gie, / der sie vil minneclîche
enphie.   3689 *B 4539* ir sprâche was in unbekant *u. B 4592* sie vernement
unser sprâche niht.   3693/95 / 98 *B 4545ff.* dar zuo er inz selbe wol erpôt /
... *(4548)* mit kleidern und mit spîse / ... *(4550)* mit pheller und mit sîden.

122

der lieben gesten ie geschach,
3695 mit trinken und mit ezzen.
ouch enwart des niht vergezzen,
der ungestalt und doch gehiure
mit mangem pfellel tiure
beriet die wîgande,
3700 daz sniten sie ze gewande.
er schuof in guot geræte,
alles, daz er hæte,
des bat er sie gewaltic sîn.
er gebôt rittern und knehten sîn,
3705 sie solden undertân in wesen,
als liep in wære ir genesen.
ez wart erfüllet, des er gert;
sie wâren dem volke gemeine wert;
arm unde rîche
3710 heten sie gelîche   93ʳ
und tâten, swaz sie wolden,
als sie von gebote solden.
    Eines tages ez geschach:
der künic gebôt unde sprach
3715 einen hof, daz darzuo quæmen
alle, die in vernæmen;
die in sîme lande wæren
und den hof verbæren,
grôzen zorn sie liten,
3720 swelche daz vermiten.
sus wurden boten ûz gesant
allenthalben in die lant;
die hêrren zogten vaste zuo.

3697 doch der gehur   3700 sneten   3701f. gerate : hatte   3702 alles des
3704 *v.d.H.*] knechte   3705 undertân in] yn vnderthan   3711 sie *v.d.H.*]
fehlt   3719f. liden : vermyden   3720 Welche so das   3721 ûz *fehlt*
3723 tzogen

3704f. *B 4620f.* al sînen liuten er gebôt, / daz sie in dienen solden.   3712–16 /
21f. *B 4556ff.* dâ von in guotes vil geschach / ... *(4558)* dô geviel ez an ein
hôchgezît, / daz der künic von dem lande / allenthalben sande / ... *(4562)* daz
sie niht solden lân / sie kæmen ze hove gar. / die fürsten kâmen alle dar.

Ernstes wirt, der grâve, nu
3725 ouch ze hove gâhte;
      sîne geste er mit im brâhte,
      die daz lantfolc gelîche
      dûhte wesen wunderlîche.
      dem künige brâhtens mære,
3730 daz der grâve komen wære   94[r]
      und hete liute mit im brâht,
      daz niemen ir art und ir aht
      erkende, wannen sie quæmen dar;
      des næme sie alle wunder gar.
3735   Nu hiez des landes hêrre sân
      boten nâch dem grâven gân,
      daz er zuo im quæme
      und sîne geste mit im næme.
      der grâve tet nâch sînem gebote,
3740 er quam mit sîner werden rote.
      dô wart ein michel schouwen
      von hêrren und von frouwen.
      doch wurden sie enpfangen wol,
      als man werde geste enpfâhen sol.
3745 mit in was grôz sîn schallen
      gegen den hêrren allen.
      ir harnasch liezen sie tragen dar;
      des nâmen sie mit flîze war,
      daz hâten sie besunder   94[v]
3750 alle für ein wunder.
      der künic der viel den grâven an,
      daz er im gæbe die werden man.
      der grâve williclîchen tete
      sînes lieben hêrren bete;

3729 sie brachten   **3733** wann sie komen   **3739f.** gebot : rot   **3744** enpfan
3752 *v.d.H.*] yn

3724-26 *B 4568ff.* dô kam ouch dirre herre / ze hove mit grôzen êren. / vür
den künic hêren / fuort der grâve mit im dan / den herzogen und sîne man.
3749f. *B 4579f.* (er neic in) albesunder / und nam in michel wunder.   **3751f. /**
55 *B 4598f.* dô bater den grâven sie im geben. / der grâve gaps dem künige dô.

124

3755 er gap im die genenden.
     dô hiez der künic senden
     an der selben zîte
     nâch einem râvîte.
     daz brâht man wol gezieret,
3760 daz nam Ernst der wol gefieret,
     ûf ez er snellîchen saz
     und imz ze rehten verten maz.
     sîn was frô der helt gemeit,
     nâch ritters reht er es bereit.
3765 daz der künic gerne sach,
     ze sînem kameræere er sprach,
     daz er überal den gesten
     gewünne ors die besten
     an sterke, an snellem loufe,
3770 als er sie fünde ze koufe.
     swaz sie haben solden
     und allez, daz sie wolden,
     daz solde er in gewinnen gar.
     der kamerer sîn niht verbar,
3775 er tete ez williclîche.
     sîn hêrre was gar rîche,
     guotes hâte er michel kraft.
     mit den hêrren wirtschaft
     hâte er siben tage dô.
3780 die hêrren schieden von im frô.
     bî dem künige bleip der degen
     mit den sînen; er hiez ir pflegen
     ze wunsche; nâch ires herzen ger
     was man ires willen wer.
3785 **Daz** buoch saget uns vür wâr,

95^r

3760 nam *v.d.H.*] man; der *fehlt*   3773 in *fehlt*   3775 *v.d.H.*] williclichen
3785 verwar

3756-58 *B 4602f.* und hiez (der künic) dô ziehen sâ zehant / ein vil schœne
castellân.   **3761/64** *B 4610f.* er spranc dar ûf ân stegereif / und reit ez ritterlîche.   **3766/71f. / 74f.** *B 4617ff.* und gap in kameræere / . . . *(4621)* daz sie in
dienen solden / swie sie selbe wolden: / daz sie alle gerne tâten.   **3785-87 /
90f.** *B 4629ff.* man huote ir schône, daz ist wâr, / mê danne ein ganzez jâr, / ê
sie die sprâche kunden.

daz sie mê dan ein jâr
dâ ze hove wârn gewesen;
sie mohten nu dâ wol genesen.
die ellenden jungen
3790 hâten des landes zungen
und die sprâche wol erkündet, 95ᵛ
sich den liuten wol gefriundet,
daz sie in allen wâren wert.
der künic eines tages gert,
3795 daz Ernest für in quæme
und er von im vernæme
sîn art und sîn geslehte;
ouch bat er im sagen rehte,
von welchem lande er wære
3800 und daz er niht verbære
der lande aht und ir gelegen.
dô sagte im Ernest der degen,
daz stete, burge unde lant
sîner hêrschaft wæren benant,
3805 und wær von fürsten art geborn;
daz in durch unverschulten zorn
het gewalticlîche
vertriben der keiser rîche.
er sagte im, daz er ûf daz mer
3810 durch got brâht ein grôzez her,
daz im daz meiste teil ertranc; 96ʳ
wie im in Grippiâ gelanc
und daz im der Magnêt
sîn lestez volc benomen hêt.
3815 er sagete im alle die gebâr,

3786 mê dan] nie wann *g, Ahlg.*   3789 enelenden   3792 Sich *fehlt*
3799 *v.d.H.*] welchen   **3800** niht] nicht ym   **3802** Da   **3811** entrank
3812 kripia

3798f. *B 4634ff.* und bat in ... / im sagen diu rehten mære, / von welhem
lande er wære.   **3802-08** *B 4642ff.* des antworte im der wîgant / ... *(4644)*
daz er ein herzoge gwesen wære / dâ heime in sîme lande, / wie in âne schulde
und âne schande / vertreip (vertriben hiet *b*) der rîchsten künige ein.
3815f. *B 4650ff.* und sagete im sunderlîche / des landes site und gebære / und
wie er dar komen wære.

wie er zuo im was komen dar,
manic engestlîche reise
in gar herter freise.
    Der künic baz erfröuwet wart,
3820 dô er vernam sîne art.
er fuorte in ûf den palas
umb daz, daz er ein fürste was,
und hiez alle sîne man
im als im wesen undertân.
3825 dem künige was nâhen gesezzen
ein volc mît strîte vermezzen,
ungestalt und unsüeze,
die hiezen Blatevüeze.
die liefen ûf bruoch und ûf mos,
3830 dar komen mohte man noch ros.
swen ez wil unweter werden,
sô recken die unwerden
die füeze ûf, daz ist ir site,
und schirmen sich vor dem weter dâmite.
3835 sie heten ofte mit ir her
und mit ir schuzlîchen wer
gesuochet den künic von Arimaspî.
der wille was in dennoch bî.
sie berihten sich mit ir wer
3840 in daz lant mit grôzem her,
als sie dem künige wolden schaden,
der ofte mit in was beladen.
    Als er die wârheit des erfant,
daz sie wolden in sîn lant,
3845 einen boten er sande

96^v

3834 *Ahlg.*] schirmten; sich] yn   **3835f.** here : were   **3835** yrem   **3836** yrer

3825-28 *B 4669ff.* dem künic von Arimaspî / sâzen wunderlîche liute bî: / Plathüeve (Platfuzz *b*) wâren sie genant.   **3829** *B 4676f.* die fuorten grôzen gewalt / über hart (veld *b*) und über bruoch.   **3831-34** *B 4679ff.* swann ungewiter wolde werden / ... *(4681)* sô hebet er einen fuoz über sich / ... *(4687)* daz in ze keiner stunde / kein weter geschaden kunde.

nâch Ernsten dem wîgande
und sagte im die mære,
daz daz lant grôze swære
von in dicke het erliten.
3850 umb helfe begunde er in biten.
er saget im alle sîne kraft,
wiez umb ir were wære geschaft,
daz sie niht wan geschütze trüegen,
niht enstæchen noch enslüegen.
3855 Ernest sprach: »des wirt guot rât:
iuwer herfart ir beschrîen lât;
wir suln sô lange ez niht sparn,
daz sie ûf uns ze lande farn.«
dô wurden boten ûz gesant
3860 allenthalben in die lant
und ein herfart beschrît
nâch rât ûf ein geleite zît.
dô bereitet wol zuo quâmen
alle, die ez vernâmen.
3865 sich samte ein kreftigez her,
wol beriht nâch ir lantwer.
nâch herzogen Ernstes râte
zogten sie vil drâte
hin ûz iren landen
3870 gegen ir vîanden.
ûf einer heiden breite
funden sie die bereite,
als sie strîtes wolden pflegen.
dô begunde Ernst der degen
3875 sîn her trœsten unde manen;
selber wolde er den vanen

97^r

97^v

3850 hulf   3852 wie es; ir wer waere] ire were wer   3854 stechen nach
3856 lât *v.d.H.*] hat   3859 ûz *fehlt*   3863 Da bereit   3870 yren; vîanden
v.d.H.] vihinden   3871f. breit : bereit

3853 *B 4693* und truogen geschôz freislich *u. B 4717* fuorten ir scharph geschütze.   3865/71 *B 4706ff.* dô gewan der künic hêre / ... *(4710)* einen
kreftigen magen / ûf ein heide, diu was breit.   3876f. *B 4720f.* des küniges
vanen er dô nam / und fuorte die vordern schar.

des tages füeren unverzaget.
er het den sînen gesaget,
wie sie solden gebâren
3880 und der vînde fâren.
    Sie wâren im gefolgic;
er fuort sîn her in den wîc
menlîch an dem tage;
des in schaden und in klage
3885 die Blatefüeze quâmen.
vil ir den tôt dâ nâmen.
die sehse under in entwer
riten, den volgte daz her
von Arimaspî dem lande.
3890 sie behielden dâ ze pfande
ir vînde vil ûf dem wal.
Ernest streit dâ sunder twâl
mit den sînen als ein helt;
mit sige behielden sie daz velt.
3895 ungefüege was ir zühten,
ir vînde sie ze flühten
menlich des tages brâhten;
nâch in die sehse gâhten
und sluogen ir nâch des buoches sage
3900 mangen tôt an der jage.
daz volc dâ grôzen schaden kôs;
beide ûf bruoch und ûf mos
sie entrunnen vor den werden hin,
dâ sie niht gevolgen mohten in;
3905 vil wart ir doch gefangen.
als der strît was ergangen
und sie den sic dâ heten genomen,
der künic hiez Ernsten vür sich komen

98^r

3880 vihinde   **3885** blatfusse   **3891** Yre vihinde   **3896** Yre   **3904** Do

3903/05f. *B 4743ff.* ez was im wol ergangen. / erslagen und gevangen / hâte er
ir und sîne man / ... *(4748)* die dâ wârn entrunnen.

mit sînen fünf genôzen
3910 und saget in danc grôzen.
Er lac biz an den dritten tac; 98ᵛ
er sprach: »swaz ich gehaben mac,
dâ soltu gewaltic über sîn,
dû mit den werden gesellen dîn.
3915 dû hâst mîn lant behalden mir,
des wil ich immer danken dir
und dînen lantgesellen;
swaz die haben wellen
von mir, daz wil ich in geben,
3920 sie suln frœlîchen leben.«
er swuor in immer wesen holt;
er gap in silber unde golt,
des hât der künic grôze kraft.
er tet dâ grôze wirtschaft.
3925 dô wart daz lant Arimaspî
mêr von den Blatefüezen frî,
die im wâren ie gefêch.
eines rîchen herzogen lant dô lêch
der künic Arnestô
3930 und ouch dem grâven Wetzel dô
eine grâfschaft rîche;
er tet ez williclîche.
selber fuorte er sie darîn 99ʳ
und liez ouch bewîsen in
3935 von anbegin ze orte,
waz ze der hêrschaft gehôrte.
er gebôt, daz aller lande man
in wæren dienstes undertân,
und die in zinsen solden,

3914 wert   3920 sollen   3925 Da   3926 blatfussen   3927 ie waren ie *g,* ie
waren *v.d.H.*   3928 lant *v.d.H.*] *fehlt*   3930 wetzeln   3931 graueschafft
3934 ouch *fehlt*   3938 ym

3915 *B 4763ff.* du hâst mir manlîche / ... *(4765)* êre und lîp behalden.
3921f. *B 4792ff.* dô machte er im sîne man / beide willic unde holt. / er gap in
silber unde golt.   3928f. *B 4772f.* er lêch im ein herzogentuom / mit liuten
und mit lande.

130

3940 nihtes sie sie sûmen solden.
     daz tet daz lantvolc gerne.
     ein burc, die hiez Luzerne,
     die was sô schœne bekant,
     dâvon ist sie alsô genant,
3945 ze diute: des landes liehttrage.
     dar zôch der künic, als ich iu sage,
     und hât wol siben tage dô
     grôze wirtschaft und was frô.
       Herzog Ernst der wîgant
3950 sîne liute und sîn lant
     hielt er reht, als im wol zam.
     oft er sie ze hûse nam
     und sie ze wirtschaften luot;
     er bewîste in willigen muot.   99ᵛ
3955 swaz im von dem lande wart,
     daz gap er in ungespart,
     niht er des ze horde gert;
     des was er in liep unde wert;
     sie enwolden keiner slahte man
3960 vür den herzogen hân.
     grâve Wetzel ouch daz selbe tete,
     sîne hêrren er lieplîch hete.
     des wâren sie ime gemeine holt
     und tâten allez, daz er wolt,
3965 und wâren im alsô undertân,
     als sie in gemeiniclîchen an
     von alter wæren erstorben;
     daz hât sîn zuht erworben.
     ez ist in allen landen guot,
3970 daz der man rehte tuot;
     swen des niht verdriuzet,
     billîchen ers geniuzet.

3940 Nichts   **3944** Dauon so   **3966** Als ab sie

3941f. / 44 / 46 *B 4783ff.* daz volc gemeinlîche, / . . . *(4785)* daz lobeten sie vil
gerne. / der künic reit zuo Lûcerne: / sus was ein sîn burc genant.

Ernsten dem fürsten unverzaget
von einem volke was gesaget,
3975 daz wære wunderlîch getân.
sie enheten weder umb noch an,
wan daz in der lîp behangen
mit breiten ôren langen
umb und umbe wære.
3980 gern hôrte er die mære
und daz die seltsænen man
ze leide vil heten getân
dem künige und dem lande
und erboten michel schande
3985 und daz getân mit gewalt.
dô gebôt der herzoge balt
allem sînem volke dar
ûf strît mit gemeiner schar.
dô daz volc was bereit,
3990 der herzog in daz lant reit,
dâ er die wunderlîchen vant.
doch mit werlîcher hant
lâgen sie ze velde
under mangem vilzgezelde.
3995 dâ hielt Ernest an der zît
mit dem volke herten strît,
des er vil ze tôde sluoc.
der fürste was ze strîte kluoc,
des er dâ und anderswâ genôz.
4000 im widerfuor dâ êre grôz.
dem volke den sic er abe erfaht;

3976 Sie *(Hie ist Druckfehler bei v.d.H.)*; nach   3977 Wan daz] Den als;
v.d.H.] yn er der   3979 Alumb vnd vmb   3980 Gerne hort   3987 Alle
3991 *v.d.H.*] wundelichen   3992 *v.d.H.*] wertlicher   4001 er den sick

3973-75 *B 4814ff.* daz Ernst der edele wîgant / hôrte sagen mære, / wie ein
wunderlîch volc wære / ... *(4822)* sie wârn ouch wunderlîch getân.   3976 *vgl.*
B 4827 sie truogen kein ander wât; *Klag. 43f.* di an irme libe / nimmer trugen
keine wat.   3977-79 *B 4824ff.* in wârn diu ôren alsô lanc, / ... *(4826)* dâ mite
sie den lîp umviengen.   4001f. *B 4867ff.* der herzoge den sic erstreit ... /
(4870) die naht besâzen sie daz wal.

an der stat bleip er die naht
biz daz daz volc ze raste quam.
die gefangen er ze lande nam;
4005 beidersît die wunden
wurden dô gebunden,
nâch ir nôt beruochet.
des morgens er fürbaz suochet;
swaz ê von dem strîte entran,
4010 die betwungen dâ die werden man.
in dem lande siben tage
fuor der fürste, als ich iu sage,
biz er den sic dâ gar erranc
und daz lant ze zinse twanc, *101^r*
4015 daz sie dienest solden geben
sînem hêrren und dem leben.
dô daz geschach, er schiet von dan;
mit im der ôrehten man
eteslîche mâze er nam.
4020 dâmit er frô ze hûse quam
und enbôt dem künige mære,
wie im gelungen wære.
der was ir beider heiles frô
und enbôt im hin wider sô:
4025 er wolde im immer mêre
erbieten liebe und êre
und sînen werden mannen.
mit den boten sande er dannen
sîner sigenunft ze diute
4030 dem künige ein teil der liute.
der ein hôchzît machte dô.
Ernst was ouch ze hûse frô.

4006 da   **4009** ê] er *g*, ir *v.d.H.*, êr *Ahlg*.   **4015** dinst   **4019** *Ahlg*.]
Etzslicher mas   **4024** also

4014–16 *B 4878ff.* dez liut über al daz lant / ... *(4880)* alsô gewalteclîch be-
twanc, / daz sime den zins sît gâben / und herschildes phlâgen.
4020/32 *B 4891f.* Dô er ze hûs kam wider dan, / er was ein harte frô man.
4031 *B 4893* er machte eine wirtschaft.

swaz er in strîte vor gewan,
daz teilte er under sîne man.
4035   Dem herzogen saget man,
daz ein volc wære sân,
die hæten sunderlîch ein lant
und wæren Picmei genant;
der vogele eier wære ir nar.
4040   der herzog bat sich wîsen dar;
sehzic man er mit im nam
und zôch in ire insulam.
dô begunde der helt mære,
wer der fürste wære
4045   in dem lande, frâgen;
der solde âne bâgen
und âne schaden zuo im komen.
als daz der künic hât vernomen,
er besamte sich mit sîner schar
4050   und quâmen vür den fürsten dar.
den bat er willekomen sîn;
er sprach: »lieber hêrre mîn,
geruochet ir ihtes, daz ich hân?«
»nein, ich«, sprach der werde man,
4055   »ir lât mich wizzen iuwer leben,
daz sult ir mir ze gâbe geben.«
er sprach: »hie sint vogele, die wir fliehen;
von den müezen wir uns ziehen
vor vorhte under d'erden;
4060   swaz uns ir eier werden

4041 Seichtzig   **4044** furst   **4051** wilkomen   **4053** icht des ich   **4054** ich
fehlt   **4059** die erden   **4060** yrer

4035-39 / 60f. *B 4896ff.* im wart gesaget, daz ein lant / im ouch dâ nâhe læge
bî, / daz was genant Prechamî / ... *(4910)* ich sage iu wes sie sich nerten: / der
eir diu sie verstâlen / den kranichen ... *u. B 4916* niht anders was ir lîpnar.
4040 u. 4066 *B 4952f.* dô bat er sich an der stunde / wîsen dâ er daz gevügele
sach *u. B 5776* der herre sich dô wîsen bat.   **4041f.** *B 4929f.* hundert ritter er
gewan / und fuoren in eim schiffe dan.   **4043-47** *B 4938ff.* der herzoge im dô
sagen bat / welhez ir künic wære. / do gelobte in der helt mære / daz sie ân
angest solden sîn.

mac, die wir verstolen nemen,
der muoz ze spîse uns gezemen;
sie lâzen uns kein fruht bekomen.
den schaden wir lange hân genomen
4065 von den selben vogelîn.«
Ernst sprach: »nu wîset mich dâhin!«
»daz tuon ich«, sprach der kleine man,
»hêrre, volget mit mir dan!«
er fuorte in in sîn eigen lant,
4070 dâ er die wârheit erfant.
daz volc durch wunder er besach;
als der hêrre sît verjach,
daz er den niergen fünde hie,
der im gienge an sîne knie.
4075 den fürsten fuorte der künic dar,
dâ er fant vil der vogele schar,
der si vil dâ tôten
und mit slegen nôten;
sie veltens âne mâze nider.
4080 dô daz geschach, sie zugen wider,
dâ sie ê die kleinen funden.
danken in die begunden;
der künic bat den wîgant,
daz er næme ir lant
4085 und ir hêrre wære.
dô sprach der helt mære,
daz er im gæbe der liute zwei.
dô sprach der künic der Picmei,
daz er ir under in næme,
4090 swelcher im gezæme.
Ernest der vil werde helt

102ʳ

4071 er durch wunder   4088 der *vor* Picmei *fehlt*

4075f. *B 4959ff.* und wîsten in an die stat / ... *(4961)* sie funden gevügeles alsô
vil.   4083-87 *B 4984ff.* der künic bat in vür sich komen / und bat den helt
mære / daz er immer bî im wære: / er wolde im sînen gwalt lân / und gerne
wesen undertân. / dô sprach der tiurlîche degen / ... *(4995)* daz ir mir der liute
ein teil geben.   4091-96 *B 5000ff.* dô nam der recke vil gemeit / zwên (zwei *b*)
... *(5008)* urloup nam er dô drâte / ze Arimaspî in daz lant. / dar kam der edele
wîgant / gevarn frôlîchen.

im zwei nâch sînem willen welt.
dâmit schiet der werde man
mit urloube ze hûse dan.
4095 Dô was der ellens rîche
mit den sînen vrœlîche;
er dâhte haben nu gemach,
des im dennoch gebrach.
dem künige von Arimaspî
4100 was noch ein volc gesezzen bî
in dem lande Kânaneâ.
daz buoch uns saget, daz aldâ
wæren risen unmâzen grôz
den langen boumen genôz,
4105 die mit strîtlîcher hant
betwungen hæten manic lant,
die dienstes in gedæhten
und in grôzen zins bræhten.
der künic wart des ze râte,
4110 daz er einen boten drâte
ze Arimaspî dem lande
ze dem künige sande,
daz er im zins solde geben,
als liep im wære sîn leben,
4115 und daz er des solde gâhen,
sîn lant von im enpfâhen.
des grôzen boten mære
wâren dem künige swære
und den lanthêrren überal.

103^r
103^v

4107f. gedachten : brachten   4110 er *Ahlg.*] *fehlt*   4115 des *Ahlg.*] das
4115f. gahen : enpfan

4099-4103 / 05 / 08 *B 5013ff.* nu was gesezzen niht verre dan / ein freislîch
volc, / hiez Cânâan, / bî Arimaspî dem lande. / ... *(5017)* risen wâren sie genant. / die heten betwungen manic lant / daz ez in den zins galt.
4109-16 *B 5025ff.* dem künige von Cânâan / rieten alle sîne man, / daz er
sînen boten sande / ze Arimaspî dem lande / und dem künege enbüte disiu
mære, / als liep im daz leben wære / ... *(5032)* daz er im den zins sande / und
selbe balde zuo im kæme, / daz er sîn lant von im næme.   4119-21 *B 5061ff.*
dô rieten im alle sîne man, / ... *(5063)* daz er im den zins sande.

136

4120 die rieten dem künige sunder twâl,
daz er im zins sande
und alsô die freise wande,
der rât was Ernsten sêre zorn:
»von dannen, dâ ich bin geborn«,
4125 sprach er, »dâ hæte man den rât,
swer den gæbe, vür missetât;
er quæme sîn nimmer mêre
gegen den fürsten an sîn êre,
swer für vorhte sachen
4130 sîn hêrren wolde eigen machen.
hêrre, ich wil iu râten baz:
ir sult im enbieten daz,
daz er mit gemache müge leben,
ir enwellet keinen zins geben,
4135 sîn noch niemens eigen wesen;
ir triuwet vor im wol genesen.
suocht er iuch über daz mit her,
er enfinde iuch niht âne wer.«
Der künic sprach: »ir râtet mir wol.
4140 gerne ich iu des volgen sol.«
er hiez den boten vür sich komen.
als er den rât hete vernomen
und des herzogen wort,
er sagte sie dem boten vort;
4145 die solde er sînem hêrren tragen
und die im unverdrozzen sagen.
dâmit der bote urloup nam;
dô er ze sînem hêrren quam
und im die botschaft sagte,

4150   der grôze hêrre bâgte;
        er swuor bî allen sînen liden,
        er wolde ez nimmer gefriden.
        der bote aber zuo im sprach:
        »einen kleinen man ich bî im sach,
4155   der gar zühticlîchen gie;
        der gienc mir kûme an die knie,
        der gap im allen den rât,
        den er iu her enboten hât.«
        dô swuor der künic von Kânanê   104ᵛ
4160   Ernstes leit und sînen rê.
            Dô besamte sich der grôze
        mit fünfhundert sîner genôze
        und zogte gegen Arimaspî.
        Ernsten was ouch sorge bî;
4165   der hâte alle die wîle
        lâzen in gâher île
        würken swert und helmbarten.
        die lanthêrren sich bewarten
        nâch sînem râte in den strît,
4170   des sie wol genuzzen sît.
        herzog Ernst der hêrre
        gap in alsô die lêre,
        er sprach: »ich hân alsô vernomen
        von unsern vînden, die nu komen,
4175   sie suln wesen unmâzen grôz,
        starker boume genôz,
        daz ich an dem einen sach,
        der ir entsagen gegen uns sprach.
        ich hân ouch hœren alsô sagen,

4166 *v.d.H.*] ingahen   **4175** sollen

4154/56 *B 5133ff.* wan ein wênegez (chlaines *b*) mennelîn / ... *(5144)* ez gêt
mir kûme an daz knie.   **4159** *B 5157* er (der künic) swuor des vil sêre.
4161–63 *B 5164ff.* er gewan von sînem lande / tûsent risen sîner man. / mit
den huop er sich dan / gên Arimaspî in daz lant.   **4165–67** *B 5184f.* er schuof
daz man in worhte / spieze swert unde sper.   **4173f.** *B 5175f.* dô die von
Arimaspî heten vernomen, / daz die Gigande (wygande *a*, risen *b*) wolden komen.

4180 zir wer sie starke stangen tragen,   *105ʳ*
      dâmit sie pflegen strîten.
      bestân wir sie an dem wîten,
      dâ werden wir von in gefalt.«
      er sprach: »haben sie grôzen walt,
4185 dâ sie durch suln an ir strâze,
      dâ sint sie uns ze mâze:
      dâ mugen die ungenenden
      ir stangen niht bewenden,
      sô suln wir loufen ane sie,
4190 umb die bein und umb die knie
      stechen unde houwen,
      unser manheit lâzen schouwen.«
         Ernsten saget ein lantman,
      daz grôzer walt und vinster tan
4195 an irem wege wære
      und ungeverte swære.
      Ernest sprach, daz sich daz her
      zesamne hielde mit ir wer,
      als sie zogen wolden
4200 und mit ir vînden strîten solden.
      dô wart ûf der grôzen schaden   *105ᵛ*
      manic tier mit kost geladen,
      olbenden, kemmel, dromedâr,
      vil elefanten. dô sie dâr
4205 bereit ze strîte wâren,
      als sie der vînde wolden vâren,
      hin zogten sie vil balde
      und legten sich ze walde,
      als in der herzog Ernest riet.
4210 bereit was ouch die grôze diet;

4180 Zcu ir wehir   **4182** bestehin   **4185** sullen   **4189** sullen; an
4200 yren vihinden   **4206** vihinde

4180 *B 5168f.* dô truoc ein ieclîch Gîgant (wygant *a*, in der hant *b*) / ein stä-
helîne stange.   **4184f. / 87f. / 91** *B 5190ff.* (wir suln) komen zuc dem walde /
dâ sie durch sulen varn / ... *(5196)* dâ mugens der stangen niht gewalden / ...
(5198) dâ mugen wirs stechen unde slân.

139

sie hâten dâ ein michel maht,
ungefüege was ir braht.
dô sie in den walt giengen
und dise den tan verfiengen,
4215 ob ir deheinen des verdrôz,
daz zel ich niht für wunder grôz.
Ernest bat sie menlîch wesen.
er sprach, sie solden wol genesen.
er schickte in ir huote
4220 mit unverzagtem muote.
    Dô die grôzen dort her drungen,
dise gegen in sprungen.
Ernest mit den sînen
begunde die vînde pînen.
4225 sie hiewen sie vaste umb die bein.
Ernst was ein helt, daz dâ wol schein.
ouch was den grôzen sterke bî.
daz volc von Arimaspî
begunde der vînde goumen;
4230 vor den esten und vor den boumen
mohten ire stangen
die grôzen und die langen
ze slage niht volfüeren
noch sich niht wol berüeren;
4235 des liez ir dâ vil daz leben.
Ernst hât guoten rât gegeben;
wenn ir keiner wær genesen,
wær an der wîte der strît gewesen.
der kleinen manheit und der walt
4240 zwei hundert dâ der grôzen valt.

4215 keynen   **4224** vihinde   **4225f.** beyne : scheyne   **4229** vihinde
4234 nach   **4238** weit

4225f. *B 5211f.* sie sluogens niden an diu bein:/ des herzogen wîsheit wol
schein.   **4230f. / 33** *B 5234f.* sie mohten der stangen / von den boumen niht
geziehen.   **4240/42–44** *B 5231ff.* erslagen driu hundert risen kreftic. / die
andern wurden fluhtic / . . . *(5236)* dô begunden sie vliehen / wider gegen Câ-
nânê (ge Chanaan in das landt *b*).

140

ungefüege was der kleinen zuht.
die grôzen huoben dâ die fluht
und gâhten vil balde
ze lande ûz dem walde.
4245 ir einer hinder in bestuont;
von dem wart niuwer strît in kunt,
den er dem herzogen sunder bôt.
er hât in brâht in grôze nôt;
dô tet er rehte alsam ein man,
4250 der muoz und sich wol weren kan;
an die sînen er nâch helfe rief.
mit were er listiclîchen lief
mit Wetzeln und mit sînen genôzen
vor dem ungefüegen grôzen.
4255 doch tâten sie dem Kânanê
umb die bein mit wunden wê.
sus vor sie ime giengen
mit strît, biz daz sie in viengen.
sînen ungefüegen stap
4260 er den beiden hêrren gap,
er liez in vallen ûz der hant.
den grôzen nam der wîgant
ûf genâde, er wolde in nern
und fürbaz mêr vor wunden wern;
4265 er nam sîne sicherheit
und liez in gân ûf sînen eit;
ouch wurden sîne wunden
helfenlîch gebunden.
man kôs an dem grôzen man
4270 niergen bart noch die gran.
man zalte im fünfzehen jâr,

106^v

107^r

4243 gageten   4247 sundern   4257 sie ime] sie ym, *v.d.H. schlägt* ym sie *vor,
doch ist* vor ›voran‹   4260 *v.d.H.*] der beider; hern   4262 nam *v.d.H.*] man
4263 gnade   4266 gehin   4271 funfftzen

4259f. *B 5251* unz er die stangen muose geben.   4266 *B 5308* und liez in
ledeclîchen gân.   4267f. *B 5301f.* er bant in zallen stunden / und heilte im
sîne wunden.   4271f. *B 5314f.* man saget uns, daz er wære / niht wan fünf-
zehn jâr alt. *Klag. 29ff.* man sait das her were / als [vn]s vor wcr ist geczalt /
nich[t] wen vumfczen iar alt.

als uns daz buoch sagt vürwâr.
herzoge Ernest der degen
hiez sîns gefangenen wol pflegen,
4275 guot geræte er im schuof.
in dem lande sie sluogen fiur ûf;
sie wolden scheiden niht von dan,
sien besæhen, daz die grôzen man,
mit den sie hâten dâ gestriten,
4280 al ze mâle sie vermiten.
    Nâch der âventiure sage
sie bliben aldâ drîe tage
und wâren nâch ir strîte frô.
der künic dem herzogen dô *107ʳ*
4285 williclîchen ez erbôt,
daz er im half von der nôt.
darnâch zogten sie von dan.
Ernest hiez den grôzen man
halden in friuntlîcher pflege
4290 gegen lande ûf dem wege.
dô die wîgande
quâmen heim ze lande,
der künic sie ze hûse bat;
er gap in volligen rât
4295 friuntlîcher wirtschaft;
er gap ouch guotes volle kraft
Ernsten und den sînen.
er liez daz an in schînen,
daz er in trüege triuwe veste.
4300 daz lantvolc ouch die geste
hâte in grôzer wirdikeit
und wâren dienstes in bereit.

4272 ver war   **4274** sines gefangen   **4278** Sie   **4280** mal   **4281** ebenture
4283 yrem   **4285** ez *fehlt*

4273f. *B 5300* mit flîze sîn der fürste phlac.   **4283** *B 5265* der künic was des
siges frô : dô; *Klag. 1* der kunig was segis vro : do.   **4291–96** *B 5280f.* dô sie zu
hûse kâmen, / der künic machte ein wirtschaft (: kraft); *Klag. 10ff.* do si czu
huse quamen / der [kun]ig tet in wirtschaft / mit vil grosir craft.

swer triuwe hât und wirbet wol,
darnâch man in halden sol;
4305 swer dem valschen rehte tuot,
der halde in, als er sî gemuot,
sô wirt im rehter lôn gegeben
umb sîn valschhaftez leben.
    Alsô die hôchzît was getân
4310 und die hêrren zogten dan,
herzog Ernst der wîgant
zogte ouch heim in sîn lant
und was mit sînen hêrren frô.
den teilte er williclîchen dô,
4315 swaz im der künic hât gegeben.
nâch irem willen wolde er leben;
darumbe sie in prîsten
und guoten willen im bewîsten.
swaz er gebôt oder gesprach,
4320 ungesûmet daz geschach.
sus der herzoge hâte frî
des küniges lant von Arimaspî
gemachet und dar ze zinse brâht
lant, den ez was ungedâht;
4325 die machte er dem künige untertân,
als ich die rede vernomen hân.
swer dem getriuwen êre enbiutet,
sîn selbes heil er triutet.
daz was an Ernsten dô wol schîn,
4330 wann er dem künic, dem hêrren sîn,
mit triuwen half ze sîner nôt;
der künic sich im ouch wol erbôt.
swes herze gegen gote wachet,
wie dem frou Sælde lachet!

108^r

4308 valsches   4317 Darumb   4318 sie ym   4323 dartzu   4328 selbs
4329 da   4330 konige   4334 frauwe

4311f. *B 5292f.* dô huop sich dan der hôchgemuot / aber wider in sîn lant;
Klag. 22 Ernst hub sich in sin lant.

4335 gote dienen daz ist guot;
er lônet wol, des hân ich muot.
    Ernstes herze und sîn gedanc
stæte ze Cristes grabe ranc.
ob er daz möhte gesehen,
4340 des wolde er im ze sælden jehen;
daz was sîn stætez sorgen.
ez geschach an einem morgen,
dô er gewesen was al gar
in den landen sehs jâr:
4345 ein kastel ûf dem mere lac,
der fürste gienc, als er vor pflac,
durch lust, mit im der sînen vil;
dô sach der fürste einen kiel
bî dem stade ûf dem mere wagen,
4350 den hât daz weter dar getragen.
dem kiele der fürste nâher gie;
daz volc darûfe er enphie
sunder lôslîchen wanc.
beide gnâde unde danc
4355 dem herzogen unverzaget
von den ellenden wart gesaget.
sie wâren môren allesamt
und fuoren in koufmannes amt.
ûz dem kiele sie vür in trâten,
4360 vrides sie in bâten.
sie sprâchen, sie hæten sô gedâht,
dâ ze blîben über naht.
dô wart geboten in der fride
bî dem halse und bî der wide
4365 gar âne allen valschen list,

109^r

4338 cristus   **4353** *v.d.H.*] losleicheichen   **4358** kaufmans

4343f. *B 5333f.* alsô was der fürste, daz ist wâr, / in dem lande wol sehs jâr.
4342/46-50 *B 5336ff.* eines morgens gienc der hêre / durch kurzwîl vür sîn
burc stân. / er sach ein schif in d'habe gân. / . . . *(5347)* uns habe der wint
geslagen her.   **4357f.** *B 5344f.* wir sîn von Môrlande / ûz nâch koufes site
gevarn.

144

der tiur bî den getriuwen ist.
vil kleinôt sie im brâhten,   *109ʹ*
als sie sich der bedâhten;
der fürste die zühticlîchen nam,
4370 als sîner wirde wol gezam.
dô bat der wirt die geste
mit im zogen ûf die véste.
niht versagen sie im daz wolden;
billîch sie ez tuon solden.
4375 der edele fürste rîche
bat sie des guotlîche;
ouch frâget er sie mære,
war ir wille wære.
sie sprâchen, sie wolden mit ir habe
4380 ûf dem mere gein gotes grabe,
und sprâchen, daz sie möhten dâ
verkoufen baz wan anderswâ,
wann manic man dar quæme,
der ir habe ze koufe næme.
4385 herzog Ernst, der fürste hêr,
bat im die geste sagen mêr;
er sprach: »muget ir âne vâr
fridelîchen komen dar?«   *110ʳ*
sie sprâchen, daz sie müesten geben
4390 geleite und daz sie ir leben
ofte müesten wâgen.
er begunde fürbaz frâgen,
ob sie in den landen
sich iht wol erkanden
4395 und ob fridelîche
stüenden die rîche.
      Ûz den gesten einer saget

4366 teuwer   4378 War hin ir   4379 mit yrer   4380 gots   4382 vor-
keuffen   4383 Wenn   4386 *v.d.H.*] yn   4393 sie sich   4394 Sich *fehlt*

4377f. *B 5340ff.* dô frâgte sie der wîgant / umbe niuwiu mære, / und wes daz
schif wære.   **4397/4399–4401 / 15–17** *vgl. inhaltlich B 5365–77; Klag. bietet
stärkere Anklänge: 55ff.* ab do orlouge were. *(∼ B 5365)* do sageten si im mere /
der kvnig von babilone / tet dem kvnige schone / von vbiane *(Hs.* vliane,
B 5370 in dem Môrlande / dem künige) manch gitwengen / vnd wolde in von
gote [br]engen / czu der heidensch[e]fte.

145

Ernst dem fürsten unverzaget,
daz der von Babilône hæte
4400 ein urliuge stæte
mit dem künic von Ubiâne,
und er hæt daz in dem wâne,
daz sie ûf ein gelegte zît
mit einander wolden haben strît.
4405 dô frâgte er umb ir ritterschaft
und wie ez wære umb sie geschaft.
des beschiet sie under in beiden
der môr; er sprach: »ein heiden
ist der voget von Babilôn;
4410 der vermac an solde rîchen lôn.
sô ist der künic von Ubiân
ein guot getriuwer kristenman
und strîtet umb der kristen ê.
der Babilôn hât liute mê;
4415 des wil er disen twingen
und mit gewalte darzuo bringen,
daz er verkiese sînen got
und stê ze Machmetes gebot
und andern goten sînen
4420 diensthaft sule erschînen.
sus haben sie ze manger zît
zesamne brâht gar herten strît.
dâvon ist liute vil verlorn.
der Babilôn hât des gesworn,
4425 er welle dem kristen sîn leben
nemen, ern müeze sich ergeben.
des hât engulten manic man;
ze dirre zît sie fride hân.«
er sprach: »halden sie den vast?«
4430 »jâ, sie, hêrre«, sprach der gast,

110ᵛ

4401 konige; von *v.d.H.*] *fehlt*   4405 Da   4411 ybyan   4418 stehe
4420 solde   4422 Zcu sammen; gar *fehlt*; *v.d.H.*] herter   4426 *v.d.H.*] er
muße

4415-18 *inhaltlich vgl. B 5374-77.*

146

»swenn sie den fride gesprechen
überein, sie des niht brechen.«
Ernest sprach: »daz füeget wol;
ein ieglîch man daz halden sol
4435 und wesen willic des bereit,
des er biutet sînen eit.«
　　Der fürste die geste sunder nam,
mit süezer rede ers anequam;
der fürste sprach: »nu sult ir,
4440 werden man, gehelfen mir,
daz ich muge mit iu komen;
des sult ir immer haben fromen.«
er sprach: »ich hân mich hie verlegen
und lange niht ritterschaft gepflegen;
4445 dâ wolde ich gerne nâch farn
und mînen dienest dâ niht sparn
durch prîs, swâ ich daz fünde,
dâ ich heil erwerben künde.«
dô sâhen die swarzen man
4450 den wol gemuoten fürsten an
und jâhen des besunder,
sie hæt des michel wunder,
wer er wær oder wannen
komen mit sînen mannen
4455 under die ungestalten diet.
der fürste sie des underschiet;
er kôs die môren getriuwe gar,
des tete er sich in offenbar,
er sagte in rehte sîne art
4460 und in die lant sîne vart,

4437 furst　　**4438** ers anequam *v.d.H.*] quam er sie an *g, Ahlg.*　　**4439** sollet
4440 gehelfen] helffen　　**4442** *v.d.H.*] Der　　**4445** gern　　**4446** dinst
4449 Da

4439-41 (4380) *B 5387ff.* dô frâgte er die koufman / ob sie in möhten helfen
dan / ... (5391) daz ich ze Jêrusalêm wolde komen : fromen. *Klag. 65ff.* do
vrogete her di koufman, / ab sie in mohten [d]an / geh[e]lfen al in stillen / ...
(69) her wolde czu iherusalê komen.

wie in der künic enpfangen hete
und im vil grôzer êren tete.
    Dô wart sîn vart angetragen;
die geste bat er diz verdagen.
4465 die gâben im des iren eit,
triuwen und dienstes sîn bereit
und in bringen sorgen âne
in daz lant ze Ubiâne,
ob sie die gotes güete
4470 vor unweter behüete.
grâven Wetzeln er ez wizzen liez,
die viere er ouch sich bereiten hiez.
ûf dem hûse al den tac
der geste er wol mit flîze pflac.
4475 Heimlîch hiez der wîse
ûf den kiel tragen spîse
als ob sie der gehiure
den koufliuten gæbe ze stiure.
die bat er sîner habe vil
4480 heimlîchen bringen ûf den kiel.
er het zwên kamerære,
den saget er dise mære
und bat sie mit im dannen farn;
daz sie kleine wolden sparn,
4485 sie enfüeren, war sie solden,
sîn gebot sie niht sûmen wolden.
dô ez nu was mitternaht
und er sie ûf den kiel brâht,
der fürste nam den grôzen man

112^r

4474 er *v.d.H.*] fehlt   4477 Also   4477f. gehuwer: stuwer   4483 von
dannen

4465f. *B 5402f.* mit triuwen lobten sie im dô, / sie volgten sînem râte.
4475 *vgl. B 5405.*   4479f. *B 5406ff.* daz beste daz er mohte hân / ... *(5416)*
daz kam allez in den kiel / mit flîze vil wol verholn.   4481/83f. *B 5424ff.*
dannoch hâte er zwêne man / ... *(5427)* die bat er varn mit im dar. / des wârens
willec- lîche gar; *Klag 89ff.* dô hatte her czwene libe / kemerer von arimaspi /
... *(92)* di bat her mit sich varen *(Fragmentschluß).*   4489-92 *B 5418ff.* ouch
brâhte er dar ûf verstoln / den risen und alliu sîniu wunder / ... *(5421)* ûf daz
schif ... *Klag. 85ff.* der h᾽czoge nam vorstolne / den resen vnd al sin wunder /
vnd brachte si besunder / czu schiffe glich eime dibe.

148

4490 und ander sîne wunder dan
     und stal sich von der burg herabe
     in den kiel ûf die habe.
     den künic bevalch er mit flîze got
     und bat vor aller swære nôt
4495 Krist mit sînen güeten   112'
     daz lantvolc behüeten.
         Als die wîgande
     gefuoren von dem lande,
     dô des der künic wart gewar,
4500 er wart sîn betrüebet gar
     und das lantvolc glîche,
     arm unde rîche.
     ir gemüete ze mangen stunden
     ze sorgen was gebunden,
4505 umb daz sie sîn enbâren.
     daz machte sîn gebâren
     und sîn tugent manicfalt,
     die an im hât der helt balt.
     swelch hêrre ist edel von geburt,
4510 ist er mit tugenden sô gegurt,
     daz er sîn rein gemüete
     wendet an rehte güete,
     des lobe volget wirdikeit,
     und muoz sîn êre wesen breit.
4515 daz adel manger tugende darf:
     dêmüetic, milde, senfte, scharf,
     gegen den vînden manhaft,   113'
     erbarmic unde wârhaft;
     swelch hêrre hiemit ist behuot,
4520 sînem adel der vil rehte tuot.
         Ernst der muotes rîche
     ûf dem kiel frœlîche

4493 *v.d.H.*] Der   4503 *Ahlg.*] Yre   4512 went   4515 *v.d.H. schlägt* Der
vor   4517 vihinden

4522 *B 5437* und fuoren frôlîche sint (danne *b*).

149

was mit manger tugent site
den swarzen koufmannen mite,
4525 daz ir muot und ir gedanc
stæt nâch sîner wirde ranc,
und ir dienest an in wanten,
mit triuwen an in genanten.
zwêne mânen oder mêr
4530 mit im sie wâren ûf dem mer,
ê sie quamen in daz lant,
dâhin wolde der wîgant.
eines tages ez geschach,
der nûklir Ubiâne anesach;
4535 er gewan daz botenbrôt.
Ernst begunde loben got;
mit den sînen was er frô,
sînen leisen huop er dô:
»Crist, hêrre, du bist guot,
4540 nu hilf uns durch dîn reinez bluot,
durch dîne hêren wunden
daz wir frœlîch werden funden,
dâ süeze ist der engel dôn,
in dînem rîche: kyrieleison!«
4545 zuo dem stade sie stiezen,
die anker sie ûzliezen.
frœlîch die wîgande
trâten ûz ze lande,
als mich daz buoch berihtet hât.
4550 dô zugen sie gegen einer stat,
die grôzer rîcheite pflac.
daroben ein hûs gebûwet lac
grôzer kost niht âne,
daz hiez Ubiâne;
4555 darûf sô was des landes wirt.
Ernst der herre niht verbirt,

4527 dinst   4531 Ehir   4534 *v.d.H.*] ubianan sach   4541 *v.d.H.*] herren
4542 frolichen   4544 dein *oder* dem?   4551 richeit   4552 lac *v.d.H.*] *auf
von v.d.H. weggekratzter Farbschicht stand* hat, *darunter* was.

er hiez im sicherlîchen
einen wirt rîchen
und guote herberge nemen,   *114ʳ*
4560 die sîner wirde möhte gezemen.
ze einem wol gemuoten man
herberge man im gewan,
der des fürsten hêren
und der sînen pflac mit êren.
4565 dâ wurden sîne wunder
beschouwet vil besunder,
die er mit im brâht hæte;
vor dem hûse stæte
was von dem volke grôz gedranc.
4570 Ernest, der nâch wirden ranc,
het sîner geverten wol gepflegen.
den wirt besprach ouch dô der degen
und bat im sagen mære,
wie des küniges geverte wære,
4575 ob im dienstes wære nôt.
der wirt im sîne wârheit bôt:
ob in dienstes zæme,
daz er in gerne næme;
der künic im willigen muot
4580 erzeigen solde und vollez guot   *114ᵛ*
sô unerforht ze solde geben,
daz er möhte rîchlich leben.
Ernest gar ân allen vâr
tet sich dem wirte offenbâr:
4585 sîne art bat er verdagen,
sîn ander gewerp dem künige sagen.
sehs ors, kleider unde pfert
bat in gewinnen der fürste wert;
er machte sich nâch des landes siten

4572 *v.d.H.*] Der   4586 Sine

4562 *B 5446* herberge man in gewan (: man).   4565f. *B 5457f.* . . . al besunder: . . . al sîn wunder.

4590   gekleidet wol und stark geriten.
       doch swer den hêrren ie gesach,
       fürsten amtes er im jach.
       der herzoge schuof ez aber dâ
       wol, als er tet anderswâ,
4595   sîn zuht gap im den solt:
       man was im günstic unde holt.
         Sîn wirt an triuwen unverzaget
       dem künige von den gesten saget;
       der wart frô der mære.
4600   dô bat der künic mære
       den wirt, daz er die werden man
       vür in wolde bringen sân.
       der wirt balde gâhte,
       die geste er mit im brâhte.
4605   vür den künic Ernest gienc
       mit den sînen, der in enpfienc
       vrô und lieplîche;
       im dankt der triuwen rîche.
         Den grôzen risen von Kânach
4610   und die andern wunder gerne sach
       der wirt von dem lande.
       Ernsten dem wîgande
       saget der künic dise mære,
       wie er verladen wære
4615   von dem künic von Babilô
       und von dem voget von Damascô
       und von dem fürsten ûz Halap,
       wie die striten umb daz grap
       und mit gewalt in wolden twingen,
4620   von kristenglouben bringen

115ʳ

4592 ampts   4593f. da : anderswo   4603f. gahete : brachte   4615 konige
4616 voit; ²von *v.d.H.] fehlt*   4619f. twingen : brengen

4605-08 *B 5459ff.* und kam für den künic hêren. / der enphienc in wol mit
êren. / ... *(5463)* des dankte im der fürste frî.   **4609-11** *B 5464ff.* sîn rise
stuont im nâhe bî / und ander sîn gesinde. / des wunderte vil swinde / den
künic ...

152

und daz sie in kurzer zît
mit im haben wolden strît.
der künic sprach: »hêrre, durch den touf
und durch den êwigen kouf
4625 nemet von mir mînen solt!   *115'*
ich gibe iu silber unde golt,
mînes guotes, swaz ir des welt.«
dô sprach Ernest der helt:
»ich hân daz kriuze durch den genomen,
4630 in des namen ich bin ûzkomen
und ein kreftigez her
durch in brâhte ûf daz mer,
die gegen der heiden lâgen
sich mit mir wolden wâgen.
4635 an den mir misselungen ist,
der müeze pflegen Jhesus Crist!
der helfe ich leider bin verzigen;
unser aller kraft ist gedigen
an uns sehs, als ir uns sehet.
4640 iuwers soldes ir uns jehet,
des wellen wir alzemâle niht,
wan als die nôtdurft uns geschiht;
wir suln iu rât und helfe tuon
durch der hœchsten meide sun,
4645 der kiusche ze kinde den erwarp,
der durch uns an dem kriuze starp
und uns gap daz wâre leben;
dem suln wir uns ze zinse geben.   *116'*
ich hân ouch einen grôzen man,
4650 ze dem ich vollen trôst hân,
er sule die Sarrazînen
mit slegen sêre pînen.«
der künic wart der rede frô,
er dankte dem ellenden dô.

4622 v.d.H.] yn   4625 Ir nemet   4633 der v.d.H., Ahlg.] den   4636 ihesu
4637 hulff   4639 sehit : ieht   4642 Nur als   4643 hulff   4644 hochste
4648 sollen   4651f. sarracenen : pynen   4654 danckt

4655 ze sînem wirte er dâ sprach,
daz er im schüefe guot gemach.
die fürsten einander swuoren
ein eit, des sie volfuoren.
zer herberge liez den hêrren
4660 der künic mit grôzen êren.
    Der tac begunde nâhen,
die fürsten sach man gâhen
ze strîtes arbeiten
und vaste sich bereiten.
4665 Ernest wolt den Kânanê
umb die bein niht verwunden mê;
von beinbergen und sarwæte
schuof er im guot geræte.
als der tac was geleget,   *116'*
4670 dô wart rîlîch erweget
ûf einen schœnen wîten plân
manic weidelîcher man.
die kristen durch daz lebende heil,
durch prîs die heiden fuorten feil
4675 manigen werlîchen lîp
in dienst ir goten und durch werde wîp.
    Der voget von Babilône
mit sîner rote schône
des tages wol gezieret quam.
4680 sulche rîcheit nie vernam
Ernest noch die sînen:
sie sâhen daz velt erschînen,
von rôtem golde erglesten,
als ez die muotes vesten
4685 ûf helmen, an schilden brâhten,
die dar nâch prîse gâhten.
sînen got Machamet

4658 das   4662 iahen   4665 kanone   4670 Da   4675 werlichen]
weidelichen *(aus V. 4672)*   4677 vogt

4671 *B 5529* ûf ein heide, diu was breit.

der voget von Babilône het
ûf einen karratsche hôch
4690 gesatzt, den dâ niht enflôch
rîche kost ninder;
den zugen merrinder.
wol gezieret was der mast,
der dâ truoc Machmetes last.
4695 swaz die heide ie schœnheit pflac,
niht sich dem gelîchen mac.
    Als die werden quâmen hie,
nu sult ir ouch vernemen, wie
der von Damascô quam
4700 und der von Halap alsam
und ander manic fürste hêr
mit rîcher kost ûf lîbes zer,
alle nâch strîtlîchen siten
georset wol und geriten
4705 under rîcher zimierde
mit wunderlîcher zierde,
als sie des die süezen werten,
die ir ze dienste gerten.
ir gote sie mit in brâhten,
4710 in der helfe sie dar gâhten,
Tervigand und Appollînen
sach man dâ erschînen.
der heiden was ein michel fluot;
ir gote hetens wol behuot.
4715 der glast ir wâfenkleide
benam ir schîn der heide.
ez quâmen vor den tiuren
vil busînen und tambiuren;
manic horn sie dâ erklangten,
4720 ê die ors zesamne sprangten.
dô wart enzwei vil manic schaft

4688 vogt   4689 karratst   4696 geglichen   4697 komen   4703 v.d.H.]
ʒerittet 4711 Ternianden   4711f. appolleinen: erschinen   4717f. teuwern :
ʒambeuwern   4718 posunen   4720 Ehir   4721 Da

gefromt mit rîcher tjoste kraft
von den kristen unde heiden
ûz den heren beiden.
4725 die dâ fuorten gotes mâl,
die wârn des êrsten ûf daz wal.
die kristen hâten sich geschart;
dem grôzen man bevolhen wart
von Ubiân der werden van;
4730 dâ was ein kriuze gesniten an.
den grôzen vlêhen unde biten
begunde Ernst mit guoten siten,
daz er unverzaget wære
und in helfe bære.
4735 der grôze sprach: »des habet muot,
hêrre, ir tuot mir allez guot,
daz sol ich verdienen hiute,
daz ez der heiden liute
beginnen offenbâre klagen
4740 und immer swærlîchen tragen.
mîn vorht ist, daz sie rûmen;
niht weiz ich, wes wir uns sûmen.«
    Der Kânanê den vanen nam
in eine hant, die stangen alsam
4745 nam er in die rehten hant;
dô rief er an den wîgant:
»eiâ, hêrre guot, wes beiten wir?«
dem risen was ze strîte gir;
sîn stangen ze allen ecken scharf
4750 er in der hant alumbe warf
als ein starker man ein kleinez rîs,
sich fröut der herzoge wîs
und der künic von Ubiân,
daz sie heten den starken man.

4722 koste   4726 das erste   4733 vnuortzagt   4739 uffenbar
4750 alumb

4728f. / 43 *B 5548f.* der rise truoc vil swinde / den vanen ...

156

4755 dô die rote zesamne wolden,
als sie strîten solden,
und beidersît die helde wert
alle zugen ire swert,
der kristen schar ir leisen sungen.
4760 die heiden gegen in drungen;
dô was von tambûren dôz
unde von bûsînen grôz.
die heiden wâren unverzaget,
die kristen ouch, ist mir gesaget;
4765 die wârn dâ ûf gotes gebot,
die heiden ûf zweier slahte tôt,
der sêle und der lîbe,
ouch in dienste werder wîbe;
ir ritterlîch geverte
4770 gap den kristen strîten herte,
doch falten die werden
die heiden ûf die erden.
dô wart nâch menlîchen siten
von beiden heren wol gestriten.
4775 der grôze man von Kânanê
tet den vînden harte wê.

swelch rote er mohte erlangen
mit sîner swæren stangen,
der sluoc er ab ein michel vach;
4780 ors und man man vallen sach.
allez, daz er anequam,
den tôt von sîner hant ez nam;
alsô tet er der vînde goum:
swâ gedrenge was, dâ machte er roum.
4785 ir gote, die sie dâ hâten,
kleine helfe sie in tâten;
er zersluoc rinder unde wagen,
die sie hâten dar getragen.
Appollô unde Tervigant

4761 Da; von *fehlt*   4762 Vnd posunen   4765 gots   4773 Da; menlichem
4774 herren   4777 rot   4781 an quam   4789 teruiant

4790 des tages sêre geschant
     wurden unde Machmet
     und gar smæhe getret
     mit den orsen in den melm;
     und manic gezimierter helm
4795 und ander gezierde dâ erlasch.
     der grôze vast darnider drasch
     mangen wertlîchen lîp;
     den beweinde manic werdez wîp
     in der heiden landen,   *119ʳ*
4800 die sie dar mit schœnheit sanden.
     nu wolden sich die heiden
     alsô niht lâzen scheiden
     von wirdiclîchem prîse;
     sie wâren ze strîte wîse
4805 und hâten heres michel kraft
     und ûzerwelte ritterschaft.
     sie striten mit geruoten scharn:
     hie quam herticlich gefarn
     der voget von Babilône
4810 und der von Halap schône,
     mit im in werlîchem site
     der von Damascô mite.
     niht wol ich daz gesagen kan,
     waz sie des tages ûf den plân
4815 brâhten und wie schône sie quâmen
     und prîses kunde râmen
     ir ûzerwelte manheit.
     dâ der künic von Ubiâne reit
     und der Beierhêrren voget,
4820 der heiden kraft aldâ hin zoget.
     Dô sie zesamne fuoren,   *120ʳ*

4791f. machmeten : getreten   4793 in dem   4798 Das   4799 *unter*
la(nden) versehentlich zwei Tilgungspunkte   4800 sanden *v.d.H.*] schanden
4803 *v.d.H.*] wirdiclichen   **4807** geruheten   **4808** herticlichen   **4809** vogt
4814 dem   **4816** kunden   **4819** beyer hern

4821 *B 5590* dô sie zesamene kâmen.

158

mit hurte sie ruoren
sich wolden mit ir rossen sân,
dô viel vil manger ûf den plân,
4825 der sîn ende aldâ kôs
unde ouch den lîp verlôs,
under kristen und under heiden,
die sich von leben muosten scheiden.
dô wart ouch geruofen mê
4830 von der kroiræere schrê,
hie: Babilôn! dort: Ubiân!
dô wurden sie gelâzen an.
der heiden menlîch geferte
der kristen dâ vil zerte,
4835 der sêlen sanden sie ze gote
von rehter manheit gebote.
die heiden niht alhie entriten,
irn würde unmâzen vil versniten,
überal daz velt mit in beströut;
4840 ir valles sich die helle fröut.
ez tet der künic von Ubiâne
des tages wol ûf dem plâne:
geborget leit er sûre galt.
der herzoge Ernest mit gewalt   *120ᵛ*
4845 der heiden rote durchbrach;
grâve Wetzel darnâch
fuor mit den vieren ûzerkorn.
der wart einer dâ verlorn;
mangen heiden der verschriet,
4850 ê die sêle von im schiet.
die fürsten ûz der heidenschaft
erzeigten ir ellen dâ mit kraft,
als in ir manheit daz gebôt.

4823 yren 4824 Da 4825 aldâ] da 4829 Da 4838 vil *fehlt* 4839 ober
al 4843 saüwer 4847 viern 4850 Ehir

4844f. *B 5566* unz sie die schar durchbrâchen. 4848 *B 5576* dâ læc ein (eyner
a b) sîn ritter tôt.

dô lâgen wol zweitûsent tôt
4855 ûz den heren beider sîte
von irem grôzen strîte.
die heiden des niht bevilte,
sien wæren ir lîbes milte:
ê sie flühtic wærn gewesen,
4860 sie wolden lieber niht genesen.
die kristen umb daz wâre leben
striten, man sach die werden geben
ir vînden den êwigen tôt.
ouwê der unergetzten nôt!
4865 man galt ez hart, daz man dâ lêch;   *121ʳ*
ir strît an einen klôz gedêch.
got wolde dô die kristen
von sînen gnâden fristen.
mit dem Babilôn zesamne quam
4870 Ernest, der den sic dâ nam,
twanc den Babilônen wert,
daz er im geben muoste sîn swert,
und von Damascô den degen;
dâmit daz urliuge was gelegen.
4875   Wetzeln ouch sîn swert gap
der werde fürste von Halap.
sus nâmen die von Ubiâne
den sic ûf dem plâne;
der heiden wart vil gefangen.
4880 dô ez was sô ergangen,
daz den kristen wart geschrît
der sic, von sorgen wart gefrît
der künic und zogete an die stat,
dâ er sich vor gelegert hât.

4854 Da   4858 Sie   4859 Ehir   4860 *Ahlg.*] ehir lieber   4863 vihinden
4865 hert   4867 dô *fehlt*   4869 den babilonen   4872 sin *fehlt,* daz *Ahlg.,*
doch vgl. V. 4875   4874 vrleyge   4875 *v.d.H.*] Wetzel

4869f. *B 5569ff.* von Babilôn der rîche / gên im kam ritterlîche / der herzoge
... / (*5575)* vienc in manlîch in grôzer nôt.   4877f. *B 5586ff.* die kristen
sigeten über al / swâ sie ûf dem velde striten. / ... (*5589)* daz die kristen den
sige nâmen.

160

4885 die werden ze im gâhten,
ir gefangen sie ze im brâhten;
die hiez der künic nemen în.   *121ˈ*
er begunde sêre danken in.
nu quam ouch hie gegangen
4890 der grôze mit sîner stangen,
die was überal von bluote rôt.
er eine mêr dan tûsent tôt
des tages in strîte hâte erslagen.
swaz ir pflac der gote wagen
4895 und in ze huote geschicket was,
keiner der vor im genas.
die kristen siges wârn gemeit,
sie nâmen grôze rîcheit
in der heiden gezelde
4900 des tages ûf dem felde.
daz kristenvolc zesamne truoc
die gezelde und rîcheit genuoc.
der heiden gote rîch gewæt
wurden aldâ vil gesmæt,
4905 sêre zerquetschet und zerkloben
und in der kristen sac geschoben.
der heiden fürsten, die wâren wunt,
die wurden bevolhen sân zestunt   *122ˈ*
guoten arzâten,
4910 und alle, die wunden hâten.
  Dô lac der künic, als ich iu sage,
ûf dem velde drîe tage;
Ernsten wart ez wol erboten.
die heiden fluochten iren goten.
4915 die werden in schœner huote

4892 Er eyner; wann **4893** strit **4896** von ym **4899f.** ge tzelden : felde
4902 getzelt **4904** aldâ] da **4905** Ser tzu queschet **4906** Und *fehlt*
4908 sa

4907–10 *B 5594ff.* dem heidenschen künige er dô bat / heilen sîne wunden. /
die wurden im wol verbunden.

hiez von Ubiân der guote
halden unde wol ir pflegen.
gein in sîn zuht an allen wegen
tet Ernest der geprîste
4920 und in guote dinc bewîste.
er benam in iren ungemach;
frô man in mit in allen sach.
ez ist guot und zimet wol,
über gefangen man sich erbarmen sol.
4925 die kristen von dem plâne
fuoren frô gein Ubiâne.
an Ernsten den wîgant
wart ir dienstes vil bewant.
allen flîz sie anekêrten,   *122ʳ*
4930 wie sie in geêrten
und ouch sîne kleine rote;
sie dankten im zenæhst nâch gote.
ouch hielt der künic von Ubiân
unmâzen wol den werden man.
4935 er hiez liute unde lant
alles stân ze sîner hant.
ouch wart manic süezer segen
von frouwen güete dem degen
ûz frôwem munde gesprochen.
4940 dô wol zwelve wochen
füllic wâren ergangen,
sich wolde der künic gefangen
lœsen mit gedinge
und sîne jungelinge,
4945 swaz man der gefangen hete.
ze Ernsten was daz sîn bete,
daz er sîne rede tæte

4917 vnd ir wol   4918 an *fehlt*   4923 tzymt   4929 an kerten   4930 in vil
(aus V. 4928)   4931 rot   4932 tzu nechste got   4936 stehin   4939 Vß
frauwen münde gesprachen   4940 tzwelff   4945f. het : bet

4943 *vgl. B 5600* ... hulfen dingen.

zem künige und in des bæte,
daz er zuht an im begienge
4950 und sîn gedinge enpfienge.
    Der werde herzoge guot   *123ʳ*
bewîste im willigen muot;
mit im wart dô drâte
des gedinges ze râte
4955 der künic von Ubiân
und ander sîne werden man.
mit der rede der wîgant
ze dem künige wart gesant:
ob er des gîsel wolde geben,
4960 daz er vridelîchen leben
mit den kristen wolde
und in dienen solde,
ob ez alsô ergienge,
daz sie strîtes nôt befienge
4965 von dem andern teil der heidenschaft,
daz sie in hülfen mit ir kraft;
ouch wolde der künic haben ir guot.
dô der herzoge wol gemuot
sîne rede hât getân
4970 und sprach, dâ wær niht anders an
alsô, daz die werden
möhten ledic werden:
dô die heiden daz vernâmen,
über ein sie des quâmen,
4975 daz sie bî des küniges zîte   *123ᵛ*
gegen der kristenheit ze strîte
noch ir ze schaden solden komen.
diz gelübde wart von in genomen,
alein was ez ir gemüete sûr.
4980 dô wart manic kint tûr

4949 *v.d.H.*] erginge   4956 werde   4960 *v.d.H.*] wolde leben   4962 ym
4977 solde   4978 glubde   4979 Alleyne; yrem   4979f. suer: tuer
4980 Da

4959 *B 5603* sîne gîsel er des sazte.

ûz der heiden lande
gegeben dar ze pfande
und guotes unvolahte kraft.
ouch hât ez Ernst alsô geschaft:
4985 swâ die kristen geleites bæten,
daz sie daz âne miete tæten,
des und des andern hantveste
gâben über sich die geste.
des brieve wurden ouch gegeben:
4990 daz hielden sie ganz bî ir leben.
    Dô diz sô was ergangen
und ledic wârn die gefangen
und von dannen die heiden
ze hûse wolden scheiden,
4995 Ernsten bat der Babilôn,
daz er durch sînes dienstes lôn
mit im ze lande wolde,
des er im danken solde.
er bôt im vil sîner habe.
5000 im sagt der helt, daz ze dem grabe
ze Jherusalêm sîn wille wære.
dô sprach der heiden mære:
»dar wil ich iu geleite tuon.«
frô wart der Adelheiden sun;
5005 er sprach: »sô ist mit iu mîn fart
ûf iuwer gnâde ungespart.«
der heiden wart der rede frô,
mit zuht neic er dem fürsten dô;
er sprach: »des wirt geêret
5010 mîn geslehte und gehêret,
daz mîn lant sô werden man
und sô tiuren sol enpfân.
ich verklage, daz an dirre frist
hie an mir ergangen ist.«

124^r

4983 vnuorlachte   4985 gleites   4986 sie daz âne *Ahlg.*] si ane   4989 Des
brieve *Ahlg.*] Des koniges briue   4993 danne   5003 gleite   5008 tzuchten

5015 Ernest vür den künic trat,
     urloup er im geben bat.
     der gelebte nie tac so leiden,
     als daz er von im wolde scheiden;
     michel flêhen unde bete   *124'*
5020 er umb sîn belîben tete.
     Ernst sprach: »des mac niht gesîn,
     ich wil daz grap des hêrren mîn
     suochen unde ez besehen;
     ir sult mir urloubes jehen.«
5025 des wart der künic betrüebet;
     daz lantfolc sorge üebet,
     dô der hêrre schiet von dan.
     beide wîp unde man
     die het sîn zuht des gewent,
5030 daz sich vil wart nâch im gesent.
          Der künic in rîlîch von im lie.
     der heiden enwiste vor fröuden, wie
     er gebâren solde,
     dô der hêrre mit im wolde.
5035 er liez sîn friuntlîchen pflegen
     mit grôzem dienst an allen wegen.
     als der künic die wîgande
     hât brâht ze sînem lande,
     ez enwart nie liuten baz erboten.
5040 dô wart ze Babilôn enboten,
     sie solden balde gâhen,   *125'*
     sîn gast êrlîch enpfâhen.
     ze velde quâmen sie geriten
     ûz der stat mit rîchen siten,
5045 die werden Babilône,

5020 bliben   **5030** nach ym wart   **5033** *v.d.H.*] Wie er   **5035** *v.d.H.*]
freutlichen   **5038** Hatte   **5039** *v.d.H.*] Essen wart   **5041f.** gahen : enpfan
5042 Vnd sein   **5044** richem

5027 *B 5636* der herzoge ouch von hove schiet; *b nach* 5651 do er von danne
schied.   **5042-44** *B 5073ff.* sie riten unde giengen, / dâ sie den helt enphien-
gen / in daz lant mit grôzen êren *(an späterer Stelle).*

ir enpfâhen was dâ schône.
die kristen wirden rîche
dankten zühticlîche.
mit wünniclîcher rîcheit
5050 der stat strâzen wâren beleit
und ire hûs behangen
mit tiuren tuochen langen.
dô sie in die stat riten,
dô wart zuht niht vermiten.
5055 in die venster schouwen
meide unde frouwen
wâren komen wünniclîch
disen rittern zühticlîch.
wart dâ iemen des gewar,
5060 daz in machte missevar
und verwandelte im den sin,
daz wil ich lâzen faren hin.
    Der wirt wart sîner geste frô;
über al hiez er dô
5065 aller der diete
sagen mit gebiete,
sînen gesten, den hêrren,
solden sie ze êren
vrô wesen unde vîren.
5070 harpfen, rotten, videln, lîren
wart dâ fürgetragen vil
und manger hande seitenspil
erklenget in süezem dône,
darnâch getreten schône.
5075 wurden ie geste enpfangen baz,
daz lâzen dise âne haz.
sîne wunder und der grôze man
wurden vil gekaphet an.
der künic tet in êren vil.
5080 dô sie zweier mânen zil

125ᵛ

5046 enpfan   5050 geleit   5052 tuchern   5061 *v.d.H.*] Vnuorwandelte
5069f. viern : liern   5073 Erclenget *v.d.H.*] Erclengetet

5080-83 / 85f. *B 5646ff.* in sînem hove wont der wîgant / einen mânet unde

166

dâ wâren gewesen oder mêr,
Ernst der herzoge hêr
urloubes dannen gerte,
des man ungerne werte,
5085 doch tet der künic, als er in bat
und als er im gelobet hât:
er gap im vil sîner habe
und sande mit im ze dem grabe
vier fürsten rîch, die hâten kraft,
5090 ze geleite und michel ritterschaft.
　　Dô sie ze Jherûsalêm quâmen,
urloup die heiden nâmen
und zugen heim ze lande.
dâ bliben die wîgande
5095 und tâten daz opfer ûf daz grap.
sîner wunder er enteil dar gap
dem prôbste der tempelherren,
die er brâht hât von verren.
im wart gnâden vil gesaget.
5100 dâ bleip der fürste unverzaget
völlic ein jâr unde mê.
er und sîn grôzer Kânanê,
grâve Wetzel und ander sîne man
machten manigen woldan
5105 und hielden mangen herten strît

5085 Do　　5090 gleite　　5101 mer　　5102 siner　　5104 manchen

nêr. / dô mante er den künic hêr / . . . (5651) als er im lobte und gehiez (b als
er im gelobt hiet : schied).　　5087–89 B 5652ff. der künic dô balde gâhen (g.
fehlt a) hiez / sîner manne viere, / daz sie den degen ziere / bræchten ze Jêrusalêm ze lande (5652–55 in b der chunig schuef pald dar / seiner mannen vier
zwar, / die in prechten z. J. in das lande) / unde gap dem wîgande . . .
5091 B 5667 dô er ze Jêrusalêm kam.　　5095f. B 5678ff. aldâ opherte der
wîgant / got ze êren ûf sîn grap. / sîn wunder er halp dar gap.　　5100f. B 5686f.
lsô wont der edele wîgant / ime lande mêre danne ein jâr.　　5105f. B 5690ff.
il dicke man den helt sach / . . . (5692) und mit den heiden strîten.

mit dèn heiden stæte sît,
die noch den kristen wâren wider,
die velten sie ze tôde dernider.
Ernest fuor mit rîcher kost, *126'*
5110 in stürmen, strîten, an der tjost
müejet er die heiden starke.
ûf der templeise marke
hât er fride gemachet,
des noch sîn sælde wachet.
5115 mangen werden Sarrazîn
brâhte er mit im gevangen hin,
die er mit aller irer habe
gap dem heiligen grabe.
ez tâten dâ die helde wol,
5120 des ir sêle noch geniezen sol.
von dem werden diz erhal
in tiutsche lant überal,
daz Ernst der helt mære
ze Jherusalêm wære
5125 und wie in nimmer des verdrôz,
ern tæte den heiden schaden grôz,
mit strîtes überlaste
sie tegelich müejete vaste.
    Vür den keiser diz ouch quam;
5130 frou Adelheit ez ouch vernam, *127'*
daz Ernest ir vil lieber sun
solche wunder kunde tuon.
dô sie vernam, daz er noch lebete,
ir riuwic herze ze fröuden strebete.
5135 ofte ersûfte sie tougen
mit fliezenden ougen;

5106 *v.d.H.*] state sint   5107 nach   5113f. gemacht : wacht   5114 saelde
Ahlg.] sele   5126 Er   5128 *v.d.H.*] Sich   5130 Frauwe   5133f. lebte :
strebete

5123f. *B 5714* daz er ze Jêrusalêm wære (: mære).   5126 *B 5694f.* daz die
heiden von in nâmen / schaden unde schande.

inniclîchen sie ir gebet
ze der hœchsten muoter tet.
sie sprach: »Marîa, frouwe mîn,
5140   maget, muoter, durch die fröude dîn,
die dir dîn kint hât gegeben,
gedenke an mîn betruobtez leben
und lâz mir, frouwe, daz geschehen,
daz ich mîn kint müeze sehen,
5145   ê daz mîn sêle wende
von dem lîbe ûz disem ellende!«
    Die süeze wert genante
die fürsten sie besante.
eines tages daz geschach,
5150   daz sie sie alle besprach,
daz sie irem lieben sun
mit bete helfe wolden tuon
ze dem keiser, irem man;
daz gelobten sie ir sân.
5155   den künic für in sie bâten,
mit willen sie daz tâten.
vor im sie schuofen alle tage,
daz vor dem keiser was die sage,
Ernst der wære ein biderbe man
5160   und hæte sulche wunder getân,
daz sîn müelîch und ungerne
dem rîche ze enberne
und ouch tiutschen landen wære.
diz was ein gengez mære
5165   under leien und under pfaffen.
sie wolden daz willic schaffen,
daz er im gæbe hulde

5137 Inmiclichen *oder* Innnclichen?   5143f. geschen : sehin   5145 Ehir
5154 globten   5159 Das ernst der; bider   5160 het sulch   5166 wullen

5152f. / 55 *B 5894ff.* daz sie ir bete næmen war / ... *(5896)* und den keiser
umb in bæten *(an späterer Stelle)*.   5166-68 *B 5736ff.* wir sulen dem edelen
man / helfen umb des rîches hulde / und des herzogen schulde / hin legen mit
minnen / und des keisers hulde gewinnen.

und verküre ûf in die schulde.
des fröute sich die künigîn
5170 und hiez dâ brieve schrîben hin
irem sune über mer.
der brief hiez sô: »ich bin des hêr,
daz du noch bist bî lîbe.
got an mir armen wîbe
5175 hât genædiclîch getân.
ich bite dich, sun, und dîne man,
swaz du der lebendic hâst,
daz ir mir sorglîchen last
ringet unde widerkomet,
5180 an hôhen fröuden mir daz verfromet.
vil lieber sun, erfröuwe mich,
an dir selber êre dich,
sît muoter und kint sint ein lîp,
so trœste mich vil senedez wîp!
5185 ouch bitten alle fürsten, daz
mîn hêrre lâze sînen haz
und sînen zorn ûf dich verkiese
und dich niht alsô verliese.
swaz du in selben hâst getân,
5190 daz hânt sie genzlich verlân.
du mîner ougen spilndez lieht,
daz man dir sô vil wirde giht
und dîn lop ist sô guot,
wie sanft daz mînem herzen tuot!
5195 Kristes kriuze und sîn segen
müeze dîner ferte pflegen
und dîner widerkêre.
kom, mîn lieber sun, der hêre,
sich fröuwet des landes vernunft
5200 dîner werden widerkunft.«

128^r

128^v

5172 hiez] hilt   5175 gnediclich   5176 bit; din   5177 lebenig
5190 habent   5191 v.d.H.] spildes   5195 Cristus   5198 herre, war auf jetzt
weggekratzter Farbschicht zu here verbessert (v.d.H. gibt wohl versehentlich he-
ree an)

170

Der bote ein guot geverte nam,
ze rehter zît er über quam;
ze Jherûsalêm den wîgant
frœlîch er mit den sînen vant.
5205 der muoter gruoz er ime sprach
und den hêrren, die er bî im sach;
sie wurden balt unde frô.
der bote gap den brief dô
dem fürsten; dô er in gelas,
5210 gar werde im ze muote was.
als sîn muoter im enboten hete,
den sînen er daz kunt tete.
dô wurden sie vil drâte
under in ze râte,
5215 daz sie heim wolden
und des niht sûmen solden.
urloup nâmen dâ die hêrren;
mit michelen êren
wurden sie dannen lâzen.
5220 vil selden sie ir vergâzen,
von den sie sich dô schieden;
mit guoten sagelieden
sô wart ir vil wol gedâht
und ir lop ze schalle brâht.
5225 swie verre sô der bœse vert
sô ist sîn arkheit des verhert,
daz man sîn gedenke wol,
sô man muoz unde sol
des biderben wol gedenken,
5230 den bœsen mit rede krenken.
Der fürste der hâte sîne fart
geleistet, swie sûr im die wart.
gegen Ackers er zogte dannen

129^r

5203 *v.d.H.*] dem   5205 ym   5206 *v.d.H.*] herre   5211f. hat : tat
5218 micheln   5221 da   5229 *v.d.H.*] biderbem   5232 suer

5217 *B 5774* urloup nam der jungeling.   5233/35 *B 5778f.* gegen Ackers in
die habe. / dô schiffete er ûf dem (den *b*) sê.

frô mit sînen mannen;
5235 aldâ sie schiften ûf daz mer.
got der hochgelobte hêr
wol bedâhte sîne kint:
er schuof in süezen senften wint,
daz ûf dem mer ir überfart
5240 volant in sehs wochen wart.
als sie dem mere entwichen, *129*[*]
ze Bâre sie înstrichen;
mit den sînen er dâ sîn opfer gap
ûf Sente Nicolâi grap.
5245 dâ berihten sich die werden
ûf die vart mit guoten pferden
und swes sie bedurften ze der nôt.
dô lâgen dem werden fürsten tôt
sîne Blatfüeze.
5250 tiure klaget sie der süeze.
dô kârten die wîgande
die rihte gein Frankenlande,
ze Babenberc er kêrte,
dâ sîn kunft vil vröuden mêrte
5255 an der küniginne klâr
und an manger frouwen lieht gevar.
Ernest het alsô vernomen,
daz der keiser dar komen
ze Babenberc solde,
5260 einen hof dâ haben wolde.
Dô sie Babenberc sô nâhen

5243 da er   5247 tzur not   5248 Da   5250 Tuer; süeze *v.d.H.*] furste
5252 richt   5253 erkerte

5239f. *B 5780f.* sehs wochen unde mê / fuor er dannen ûf dem mer.
5242-44 *B 5786ff.* in die habe ze Bâre / kam sîn schif gegangen ... *(5790)* sîn
opher leit der küene man / ûf sante Niclâsen grap / vil willeclîchen er dar gap.
5248f. *B 5784* dô lac sîn Plathuof (platfuoz *b*) tôt.   **5257-60** *B 5833ff.* daz ze
Babenberc wesen solde / ein hof, dâ der keiser wolde / krône tragen ... / *(5837)*
daz hæte er wærlîche vernomen.   **5261-64** *B 5846ff.* dannen huoben sich die
man / gen Babenberc vil drâte / ... *(5849)* dâ bî nâhe in einen walt. / dâ bliben
dô die helde balt.

172

quâmen, daz sie sie sâhen,
von dannen niht verre in einen walt   *130^r*
legten sich die helde balt.
5265 daz geschach an einem hêren tage,
an Kristes âbent, als ich iu sage.
frou Adelheit die guote
was den tac in süezem muote;
liebe mære ir nâhten,
5270 die ir vil fröude brâhten.
swaz man begienc, swes man pflac,
ir sun ir in dem muote lac,
mit des herzen ougen sie in sach.
wider ir frouwen sie des jach,
5275 ir wær entworden sorgen drô,
ir herze wære unmâzen frô.
indes hât der wîgant
einen boten ir gesant,
der was vernünftic unde kluoc,
5280 die rede er verholne truoc,
biz daz er heimlîchen
zer künigîn quam mit slîchen.
er brâhte ir liebe mære,
daz ir sun komen wære.   *130^v*
5285 er sagt ir, als er gebeten hât,
daz sie im iren süezen rât
ze helfe senden wolde,
wie er gebâren solde.
die frouwe begunde loben got;
5290 sie sprach: »ein rîchez botenbrôt
sol ich dir unverdrozzen geben,
du hâst erfröut mîn senedez leben.
Du solt mich rehte merken nu,

5267 Frauwe   **5269f.** naheten : brachten   **5274** yre   **5278** Einen b. ir] Yr
ynen b.   **5280** vorholn   **5282** *v.d.H.*] konigen   **5292** erfreuwet; sendes
5293 recht

5265f. *B 5848* an Kristes âbent spâte.

ich wil dir sagen, waz du tuo;
5295 friunt, nu lâz dich des gezemen,
du solt iu heimelîchen nemen
eine guote herberge.
daz bevilh ich dîner kerge,
daz er werde ûf die naht
5300 alsô in die stat brâht,
daz daz hofgesinde
sîn înfart iht befinde.
heiz den wirt sich des bewegen
und iuwer reiniclîchen pflegen.
5305 sô man hînt metten liute
und ze münster gên die liute,
sô sult ir ouch komen dar,
dâ wil ich iuwer nemen war.«
als die küniginne sprach,
5310 der bote schuof, daz ez geschach.
swer guoten boten sendet,
ob sîn gewerp niht wol sich endet,
wirt sîn wille niht erfult,
daz ist ungelückes schult;
5315 ez sol ein ieglîch wîser man
ze wirde guoten boten hân.
Die frouwe fröuden rîche
besprach die fürsten sunderlîche;
sie sprach: »ich hân alsô vernomen,
5320 mîn sun der welle schiere komen;
nu tuot ez rehte durch got:
durch iuwer zühte gebot

131^r

5296 solt iu] sal auch *g*, solt uch *Ahlg.*; heymlich **5306** münster] metten;
gehin **5309** konigynn **5311** *Eine daneben gezeichnete Hand verweist auf*
diesen Vers **5314** vngluckes **5315** iglicher **5318** *v.d.H.*] Sprach die
furstynn **5320** schir **5322** *Der Vers ist von derselben Hand am Rande*
nachgetragen

5305 *B 5851* unz hin gen der mettîn. **5317-20** *B 5888ff.* die frouwe zehant
dar gewan / die fürsten al gelîche / und sagete in tougenlîche / von ir sune diu
mære, daz er komen wære. **5322** *B 2502* und durch ir zühte gebot, *u. 1918*
und durch sîner zuht gebot *(an früherer Stelle).*

bewîset mînem kinde guot!
senftet mînes hêrren muot
5325 alsô, daz des werden zorn
gein mînem kinde sî verkorn!
daz wil ich verdienen, als ich sol.«
daz gelobten ir die fürsten wol;
ouch sprâchen algemeine sie:
5330 »daz wolde got, und wær er hie,
der keiser müeste im hulde geben.«
diz erfröute wol der frouwen leben.
»swenn er kumet, sô sît bereit
im ze helfe!« sprach frou Adelheit.
5335 daz gelobten sie ir glîche,
sie tætenz getriuwelîche.
nâch dem rât wart wol gedâht
vor dem keiser biz ûf die naht
Ernestes des hêrren
5340 und Wetzels wol nâch êren.
frou Adelheit mit sorgen ranc,
sie gedûhte nie wîle mêr sô lanc,
biz daz der metten zît quam.
dô sie die glocken vernam,
5345 sie îlte zuo dem münster;
swie wol ez wære vinster,
sie wolde des erbîten niht,
daz man vor ir enbrente ein lieht.
Ernest der gienc ouch dâhin;
5350 dô in ersach die künigîn,
sie wart tougenlîchen frô,
zuo den frouwen sprach sie dô:

131ʳ

5324 hêrren *v.d.H., Ahlg.*] hertzen   5327 als] wie   5328 Do   5329 alle
gemeyne   5333 kome   5334 frauwe   5335 globten   5336 tetens
5337 An den rat   5340 wetzelns   5341 Frauwe   5346 wol so es wer
5349 der *fehlt*   5351 *v.d.H.*] tugentlichen

5328 *B 5900* dô gelobten sie (die fürsten) der künigîn.   5331f. *B 5904ff.* er
müese im die hulde lân / ... *(5907)* des was diu küniginne frô.   5335 *B 5906*
daz lobtens alle gelîch.

»ich sihe dort pilgerîne stân
von über mer, ich wil gân
5355 zuo in und wil frâge tuon,   *132^r*
ob sie iht wizzen umb mînen sun.«
      Hin streich die wol gemuote,
Ernsten nam die guote,
sie fuorte in sunder bî der hant;
5360 durch ir ougen er sich want
in ir herze mit gewalt,
dârûz er doch nie wart gezalt,
ern wær dârinne beslozzen.
sîner fart het sie verdrozzen.
5365 von im ein küssen sie verstal,
daz sie vor dem volke hal,
und hæte niemen daz gesehen,
sîn wær vil lîhte mêr geschehen.
sie mohte ez doch mit êren tuon,
5370 er was ein wol gerâten sun.
daz liep, daz man an kinden siht,
dâr engein ist alle fröude enwiht.
die süeze sunder lôsen
mit ir sun begunde kôsen;
5375 sie sagte im liebe mære,
daz der fürsten wille wære,
daz der künic im fride tæte,
wie sie daz würben stæte,   *132^v*
daz er im iht wær erbolgen.
5380 sie sprach: »du solt mir volgen.«
mit vil zeher rêre
lêret in die hêre.
      Sie sprach: »mîn allerliebster sun,
diz füegt dir wol, daz du solt tuon:

5353 sehin   **5363** Ern waer] Er ware   **5364** *v.d.H.*] vordrassen   **5367f.** gesehin : geschen   **5368** villicht   **5372** engen; entwiht   **5374** yrem; tzu kosen

5365 *B 5868* sie kuste in dicke an sînen munt.

176

5385 sô der bischof hiute vom altâr gê
und an der predigâte stê
und sine lêre und gotes wort
daz volc ein teil habe gehôrt,
sô soltu dêmüeticlîchen
5390 ze mînem hêrren slîchen.
du solt im vallen an sînen fuoz,
aldâ er dir vergeben muoz.
gedenke, liebez kint, dâran,
daz du im einen werden man,
5395 sînen œheim, slüege tôt.
er selber kûm der selben nôt
zuo der selben zît entran,
dun hætes daz selbe im getân.
daz laster und die smâcheit
5400 mînem hêrren was von schulden leit.
sun, swer dir slüege einen kneht,
hæte er wol zuo im reht,
du woldest sîn bezzerunge hân:
alsô wil ouch ein ander man.
5405 hât sich Heinrîch an dir vergâht,
ez wære wol ze guote brâht.«
Ernst daz strâfen gerne leit
und alle die rede, die sie im seit.
er sprach: »liebe muoter mîn,
5410 swaz du gebiutest, daz sol sîn.«
fröude und sorglîch gedanc
vaste mit der frouwen ranc.
an iren stuol sie wider trat,
die hœchsten keiserîn sie bat
5415 mit wazzerigen ougen
ûz süezem herzen tougen,
daz sie gedæhte an ir swære
und ir kinde helfe bære.

133^r

5385 von dem   5387 sin   5398 Du hettes   5405 Het   5417 yre
5418 yrme

5391 *B 5879* und im viele an den fuoz (: muoz).

•   Sie sprach: »ich bite dich, maget hêre,
5420   durch die fröude und durch die êre,
        die dîn erwelte kiusche nam,
        dô dir die hœchste botschaft quam,
        die dir mit dem worte brâhte
        Gabriêl, der dîn gedâhte,
5425   dâvon du muoter worden bist
        âne menschen mitewist
        und du, maget, âne swære
        daz hœchste kint gebære.
        ich bite durch die wirdikeit,
5430   die an dich, frouwe, ist geleit,
        daz dîne reine brüstelîn
        kost solden sîner spîse sîn,
        dâ sîn mündel ane bôt
        dîn schepfer, dîn kint, ein got,
5435   gewaldic in sîner krônen,
        eben hêr in drîn persônen.«
        In dem münster was gedranc.
        dô der bischof vol gesanc
        Kristes messe und der hêre
5440   ûf den lector trat durch lêre,
        er saget daz êwangêlium:
        »exiit edictum
        a Cæsare Augusto«,
        daz spricht ze tiutsche alsô:
5445   Augustus, der daz rîche
        hielt gewaldiclîche,
        sîne brieve schrîben hiez
        und über al die werlt gebieten liez:
        gemeinen zins er haben wolde,
5450   den niemen versitzen solde.

5424 *Ahlg.*] erdachte   5429 bit   5436 drien   5438 sang

5437–41 *B 5915ff.* ein bischof vor in messe sanc. / ... *(5918)* dô man daz êwangeljum gelas, / der bischof trat ûf den lector / und sagt der kristenheite vor / die süezen gotes lêre.

178

wie ze Bêthlehêm die maget quam
und wie got die menscheit an sich nam,
muoterhalp von küniges art
Krist aldâ geboren wart.
5455 dô der bischof suoze predigte,
manic herze sünden ledigte,
daz manger zeher rêre gap
durch manger sünden urhap.
der bischof hât den keiser brâht
5460 ouch ze grôzer andâht.
Ernst der fürste hêre
sîner muoter lêre
und ires râtes niht vergaz:
er dranc, dâ der keiser saz,
5465 dem viel er für die füeze,
mit dêmuot sprach der süeze:
»hêrre, ich hân wider iu getân,
daz vergebet durch got mir armen man.«
Der keiser sprach: »dir sî vergeben,
5470 got gebezzer dîn leben!«
er huop in ûf mit der hant.
dô er rehte den wîgant
beide erkande und gesach,
ez was im grôz ungemach,
5475 daz er dem ellenden man
sîne friuntschaft het getân,
er wart nâch leide gevar.
die fürsten alle gemeine dar
vür den keiser trâten;
5480 sie sprâchen unde bâten:

134'

5453 konigs **5454** geborn **5455f.** predigitte : ledigitte **5457** *v.d.H.*] rehe
5472 recht

5465 *B 5924* sie vielen dem künige an sînen fuoz. **5469** *B 5934* daz sî im
durch got vergeben. **5471–74** *B 5937ff.* er rihte (hebt *b*) in ûf zuo der stunt /
.. *(5940)* dô erkande in der fürste rîch, / dô er im under ougen sach. / ez gerou
in deiz geschach. **5478–80** *B 5925f.* sîner genâden sie in bâten *(Bezug anders).* / die fürsten dar zuo trâten.

»ir habt gegeben hulde
Ernsten umb sîne schulde;
swaz ir ie gesprâcht, daz hieltet ir wâr.«
»sô sî er ledic dirre vâr,
5485 sît ez alle dünket guot.«
daz volc wart allez wol gemuot;
die künigîn frou Adelheit
was der süene gemeit;
sie was die tage lebende
5490 in fröuden, rîcheit gebende,
der manic man wol genôz.
dô wart der fürsten fröude grôz.
tanz, bêhurt, ritterschaft
uobeten sie mit wirde kraft.
5495 dô wart nâch minnenclîchen siten
manic reie undersniten
mit minniclîchen frouwen,
dâ man wol mohte schouwen
fröude âne mâze
5500 und wünniclîch gelâze.
die pilgerîne in ir geswanze
nâch den fideln süeze tanze
an wîzer hant dâ trâten,
als sie ir friunt des bâten.
5505 Ernstes fremde wunder
beschouwet man vil besunder;
er gap ir dem keiser zwei,
den ôrehten und den Picmei.
sînen jungen grôzen knaben
5510 Ernest selber wolde haben.
den lêrt er kristlîchen leben;

5483 hilt   5485 alles   5487 frauwe   5492 Da   5496 rey   5497 sitten,
darüber stand auf   von   v.d.H.   weggekratzter Farbschicht   frauwen
5501 pilgeryme; yrem

5485 *B 5954* nu ez iuch herren dunket guot.   5487f. *B 5968f.* sîn muoter diu
künigîn / was des sunes (der sune *a*; *dies sicher das Richtige*) von herzen frô.

den touf hiez er im dâ geben.
      Der keiser grôzer hêrschaft pflac,
als die daz rîche noch vermac.
5515 dô was manges wîbes bete,
daz Ernst den kotzen von im tete
und daz er schære sînen bart;
vil des an in geworben wart
von mangem rôten munde klâr.
5520 er sprach, daz er ê müeste gar
ze dem werden münster komen,
dâ er daz kriuze hæte genomen.
diz wart geworben doch mit zuht.
sich fröute ires lîbes fruht
5525 frou Adelheit; der keiserîn
was Ernst ir klârer sunnenschîn
und ires herzen fröuden grôz.
selden ir güete des verdrôz,
sie wolde den wolgemuoten man
5530 mit spilnden ougen sehen an.
      Ê der keiser fuor von Babenberc,
der begienc dâ fürstlîche werc:
Ernst sîn lant wider nam;
der grâve Wetzel alsam
5535 hielt sich ze sîner hêrschaft
nâch rehte und in wirde kraft.
die Ernest mit im hâte brâht,
die wurden rîchlich bedâht;
swaz sie dâr niht hâten,
5540 des wurden sie wol berâten.
daz was ûz beider lande,
fröute sich der wîgande.
Ernst dem rîche gap den stein,

5514 rich; vermac *v.d.H.*] vermant   5515 Da   5515f bet: tet   5520 ê] ie
5524 freuwete   5525 *v.d.H.*] Frawe adelheiten   5530 *v.d.H.*] spilden
5531 Ê] Do   5539 Wes   5540 *v.d.H.*] Das   5542 freuwet

5533 *B 6010* dô liez er allez sîn lant / wider dem fürsten hêren

der dâ liehter farwe schein
5545 und in des rîches krône
noch hiute erliuhtet schône.
daz ist unvergolden niht,
als uns die âventiure giht:
sîn name hât des êre
5550 nu und immer mêre.
    Ernst nach gotes hulden warp;
der bat, ê daz er starp,
daz man in ze Rosfelt
begrüebe, aldâ noch der helt
5555 durch fürsten reht begraben ligt.
dâ ligt ouch, die hât angesigt
der werlde grûs, frou Irmegart;
ze iren gnâden ist grôze fart,
got vil zeichen durch sie tuot.
5560 der gebe uns ouch ein ende guot!

5548 ebenthure   5552 ehir   5556 liget   5557 grûs] groß, *vgl. Haupt, ZfdA* 7 *(1849), S. 302;* frauwe   5560 *Am Ende der Zeile :* amen

Anmerkungen zum Text

2 Wie hier steht in der Hs. in der Regel *sint*. Es ist jedoch durch den Reim nur *sit* 4169 und 5105 (sowie *sider* 2509 und 3459) gesichert. Es wird daher statt *sint* stets *sît* geschrieben.

16 *umb riuwe werben* auch U.Alex. 14825.

42 *valschhaft* nach 1529, vgl. U.Alex. 13553, 27453.

62 *undersniten* ›geschmückt, geziert‹; vgl. U.Alex 13041 *ein wîp in rehtes wîbes siten/mit süezen tugenden undersniten.*

103 *schopfbuoch* s. schon K. Müllenhoff, Zur Geschichte der Nibelungen Not, Braunschweig 1855, S. 20 Anm.

125ff. Die wenig glückliche Verspartie 125–136, die eine Vorausdeutung auf die Liebe des Kaisers zu Adelheid unter gleichzeitigem Hinweis auf den Tod von dessen erster Gattin bringt, möchte man am ehesten für einen Zusatz halten. Aber formale Indizien finden sich nicht. Auch ist sie an gleicher Stelle in ›Vévoda Arnošt‹ V. 124–139 erhalten, gehörte also unserm Text bereits im Anfang des 14. Jh.s an. Nach 136 fehlt allerdings ein Reimpaar, denn der *sæleclîche tac* kann sich unmöglich auf die Turnierfahrt Herzog Ernsts, sondern nur auf den Tod der Kaiserin Ottegebe bezogen haben, zumal auch im ›Vévoda Arnošt‹ die Verspartie mit dem guten Tode der Kaiserin schließt. Das fehlende Reimpaar hatte gewiß einen ähnlichen Wortlaut, wie er in HEB 247f. den Tod der Ottegebe schildert, also etwa:

> daz sie besaz daz gotes rîche
> mit fröuden êwiclîche.

Daß mit der Turnierfahrt Herzog Ernsts V. 137 ein neuer Abschnitt begann, zeigt die Absatzinitiale der Handschrift, die v. d. Hagen wegen der von ihm vorgenommenen syntaktischen Verbindung von V. 136 und 137 getilgt hat.

166 Nach V. 166 ist eine Lücke; es fehlen wahrscheinlich zwei Blätter, vgl. Einleitung, S. XIII f.. Um von dem Inhalt über das aus HEB und den lateinischen Fassungen Ersichtliche hinaus eine Anschauung zu geben, sei die entsprechende Textpartie des ›Vévoda Arnošt‹ in einer möglichst wörtlichen Übersetzung geboten, die von meiner und M. Vasmers Schülerin Elisabeth von Schreiber stammt und von meinem und E. Koschmieders Schüler Winfried Baumann nachkontrolliert ist. Sie soll zugleich einen Eindruck von der gänzlich anders gearteten alttschechischen Umdichtung unseres Textes vermitteln (V. 172–182):

172 Die Fürstin war froh darüber.
Die empfing den Sohn sehr freundlich,
denn es lag ihr viel daran,
175 weil von diesem Herrn das ganze Land
reich beschenkt worden war.
Er begann, aus Ehre freigebig zu sein,
begann alle zu beschenken,
schaffte Frieden und Ruhe im Lande,
180 so daß ihm keiner eine Schuld zuschob.
Zu der Zeit gab es einen mächtigen Kaiser,
der den Namen Otto führte.
Dem waren Fürsten und Könige,
große und kleine,
185 gehorsam in ihrem Dienst,
gemeinsam waren sie ihm untertan.
Denn seine Fürstenwürde hatte er gezeigt
und hatte sie auch unter seine Gewalt gefesselt,
so daß alle sich vor ihm fürchteten
190 und zu seinem Befehl standen.
Denn Frieden und Ruhe stiftete er überall,
und wenn einer ihm schadete,
ließ er ihn hinrichten
und verstand dadurch alle zurückzuschrecken.
195 Denn das hatte er so eingerichtet,
daß er allen Freigebigkeit bewies,
die sich ihm nicht widersetzten.
Welche aber ihm hinderlich waren,
solche zog er unverzüglich zur Verantwortung
200 und war auf ihre Vernichtung bedacht.
Ihn kennt man auch heute noch mit Namen,
erinnert sich seiner in allem Guten.
Dieser erbaute eine stattliche Stadt,
die in jeder Weise berühmt ist;
205 mit diesem Wort darf ich es bestätigen:
diese Stadt nennt man Maidburk.
Hier erbaute er ein schönes Kloster,
stattlich für den hl. Mauritius
und all seine Gefährten,
210 hier zu seinem Andenken.
Ehrenvoll setzte er Kanoniker ein
und setzte den Bischof prächtig ein,
außerdem viele Burgen und Festungen –
und bis heute dankt man ihm dafür –

215 schenkte er und bestätigte es mit seinen Urkunden
und bekräftigte es für die Ewigkeit.
Man huldigte diesem Bischof
und diente ihm und keinem andern.
Dieses Bistum wurde eingerichtet
220 und so freigebig ausgestattet;
und man erinnert sich an diesen Kaiser,
denn er hatte es mit sehr viel Gut ausgestattet.
Es verging eine kurze Zeit,
da schied ihm seine Frau aus dieser Welt.
225 Eine sehr schöne Frau hatte er
und die hieß Diana.
Die war in Ehren erzogen
und in der Religion vollendet.
In Maidburk, in dieser Kanonie
230 wurde sie begraben, in diesem Bistum,
das der Kaiser selbst angelegt
und mit Reichtum ausgestattet hatte,
Hier berichten sichere Nachrichten,
daß Gott wunderbare Wunder tut
235 durch die Gestalt dieser begehrenswerten
Kaiserin, die früher prächtig war.
Dann begab es sich eines Tages –
und es verging nicht lange Zeit seitdem –,
da wandte der Kaiser naturgemäß
240 sein ganzes Denken
auf ein barmherziges Joch
und wünschte ein Weib zu nehmen,
mit dem er in Freuden leben könnte
bis zum Tode in Liebe.
245 In diesem Denken begann er zu leben,
befahl, seinen berühmten Hof zu berufen;
da bereiteten Fürsten und Könige
sich reich vor.
Und eine Unmenge Grafen, eine zahlreiche Schar,
250 kamen auch an diesen Hof.
Und als sie zahlreich zusammengekommen waren,
alle dem Kaiser zum Trost,
hieß er danach Diener gehen
und sie an seinen Hof berufen;
255 er befahl, sie alle freigebig zu ehren.
Nach dem Mittagessen befahl er

den Fürsten und allen ebenso,
daß sie alle vor ihm sein sollten.
Und als alle sich ihm gegenüber gesetzt hatten,
260   begann er, von ihnen Rat zu erbitten,
und sprach: »Ihr wißt meine Gedanken,
daß ich eine Versuchung gehabt habe.
Wollt mir alle raten,
damit ich die heiraten kann,
265   die sich in Ehren gehalten hat
und ihren Namen durch Tugend erhöht hat!«
Die Herrn berieten sich alle,
antworteten auf diese Rede
und sprachen: »Wir kennen eine Frau
270   in aller Tugend von edler Geburt.
An Schönheit übertrifft sie die anderen.
Die überwindet alle durch ihre Tugend,
denn wir kennen keine so schöne
und nennen keine in solcher Ehre.
275   Die muß für dich passen,
die raten wir dir zu heiraten.
Man nennt sie die schöne Adelheid,
die muß deine Herzliebste sein.«
Der Kaiser hörte dieses Lob,
280   das sie ihr nicht gering erwiesen,
er dankte ihnen allen dafür,
versprach, sie zu beschenken.

167 Nach Bartschs Vorschlag zu HEB 294f. ging diesem Verse als letzter der Lücke voraus: *sie mac ze vrouwen wol gezemen*, (: *nemen*).

179f. Die inhaltlich notwendige Umstellung wird durch HEB gestützt (vgl. Bartsch zu B 322).

229 Vgl. U.Alex. 25545.

251 *tragest* ist conj.

310 Vgl. U.Alex. 22830.

312 ›Ich kümmere mich nicht darum, wer (ob einer) es anderen zuspricht‹.

359f. Vgl. U. Wilh. v. W. 6611 *und (wir wellen) nâch dem hôchgelobten gote/gerlich stên ze iurm gebote*; vgl. auch U.Alex. 26590f., 27628; vgl. auch o. V. 226.

396 Nach 396 ist eine Lücke, die den Bericht von der Einladung der
Fürsten bis gegen Ende der Hochzeit bot. Wahrscheinlich lauteten die
Verse von 395 an etwa *(er bat) daz sie durch triuwe und wirdikeit/lie-
zen an in ir rîcheit/und an ir werden frouwen/flîziclîche schouwen.*
Von diesem Reim *frouwen : schouwen* war der Schreiber abgeglitten
zu dem Reim *frouwen : schouwen,* den der jetzige V. 397f. aufweist,
mit dem der Schluß der Hochzeit beginnt. Dem vermuteten Gefüge
395ff. steht nahe U.Alex. 26264 *ich bite iuch algelîche/. . . daz die
durch den willen mîn/lâzen ir rîcheit schouwen/ûf die vart und ouch ir
vrouwen/mit schœnheit sô bereitet dar/* (26270) *daz man ir rîcheit
neme war.*

Zur Veranschaulichung lasse ich hier ebenfalls eine Übersetzung
der entsprechenden Verse des ›Vévoda Arnošt‹ folgen (V. 593–695):

593   Der Kaiser schaute immer auf den Brief.   (~HED 383f.)
       Als er erkannte, was darin stand,
595   begann er Gott zu danken
       und dem Boten Lob zu spenden.
       Er dankt ihm sehr dafür,
       gibt ihm viel Silber und Gold,
       gibt ihm viel zur Belohnung,
600   dem sehr teuren Boten,
       und spricht: »Ich will dich über andere setzen,
       das verspreche ich dir, Herr.«
       Und danach schickte er nach den Edelleuten.   (~HED 391)
       Als sie zusammengekommen waren, sprach er: »Ihr Herren!
605   Ich bitte euch und vertraue euch –
       ich verspreche euch bei meiner Treue,
       daß ich euch immer fördern will,
       den der mir gehorsam sein will –
       daß ihr und eure Frauen   (~HED 396)
610   alle bereit sein mögt
       am Sonntag nach St. Peter,
       und daß ihr nach meiner Frau gehen mögt
       nach Bayern, die ich aus der Burg
       ausgewählt habe nach eurem Rat.
615   Erzählt es einander und redet darüber
       und verheimlicht diese Hochzeit nicht.«
       Sie versprachen, das zu tun
       und seinen Willen zu erfüllen,
       und sprachen: »Das wird bestimmt nicht sein.«

620 Als der Kaiser ihren Willen hörte,
verteilte er unter sie viele Tausende
Silber, Gold und Wagen,
übergenug teuren Tuches
gab er allen nach seiner Freigebigkeit.
625 Zu dieser Zeit war es schon,
daß jeder bereit war.
Sie fuhren mit Pfeifen und mit Trommeln,
zudem mit dazugehörigem Jubel,
nahmen auf den Wagen jene Schöne,
630 die teure und hübsche Adelheid,
außerdem eine Unmenge anderer Frauen.
Es war sehr großer Lärm nach allen Seiten.
Und dann bereitete sich auch Ernst vor,
brach auch mit den Seinen auf
635 im Gewand, in Silber und außerdem in Gold,
in teuerer und sehr reicher Weise.
Und er wollte bei diesem Hofe sein,
reitet an den Hof des Kaisers.
Hier versammelte sich eine Unmenge Volks.
640 Wie sie mit dieser Fürstin ankamen,
geleiten sie sie mit gewaltiger Menge.
Hier empfängt der Kaiser sie freundlich,
denn in diesen Ländern gab es keine
so Schöne, das sagte jeder.
645 Der Kaiser begann, alle zu bitten,
und wollte mit ihnen fröhlich sein,
denn zu ihm war ins Haus gekommen,
die in seinem Herzen herrschte.
Hier fand eine große Festlichkeit statt
650 nach fürstlicher Sitte.
Vor dem Bischof vermählte man sie,
vollendete man diese Ehe.
Und als man beide zum Schlafen begleitete,
entzündete man viele Kerzen.
655 Es legte sich diese Schöne,
die Herzliebste des Kaisers, nieder
und war so weiß wie Schnee.
Da legte sich der Kaiser in ihre Arme,
empfand Freude und Fröhlichkeit,
660 von ihm aber will ich nicht länger reden.
Am nächsten Tage begab es sich,

188

da kamen sehr viele Frauen,
Jungfrauen, Grafen und Fürsten,
da es in jenem riesigen Hause
665 viele Hunderte angesehener Leute gab.
Und als der Kaiser essen wollte,
hieß man alle sich zu Tische setzen.
Hier gab man ihnen allen gemeinsam
verschiedene Speisen nach ihrem Ansehen,
670 genug verschiedene Getränke.
Danach begaben sich die Ritter
und bereiteten ihre Helme,
da sie an dem Tag ein Turnier haben wollten
für die Jungfrauen und auch für die Frauen.
675 Hier nahmen viele Hunderte an diesem Tag am Turnier teil
und buhurdierten sehr gewaltig
in jener Burg und in jener Stadt,
von der auch heute die Geschichten erzählen,
daß es niemals dergleichen gab,
680 daß man je so viel Ritterschaft
zusammen gesehen hätte,
und auch nirgends darüber geschrieben hätte.
Dann am Abend gab es Tanz.
Und es gab hier mancherlei Verkaufsstand
685 mit Silber und auch mit Gold
und mit Perlen und Edelsteinen,
wo sich in Gold schimmernd
sah, wer schauen
und das richtig wahrnehmen wollte.   (~HED 398)
690 Hier gab es auch eine Musik (Stimmen).
Man hörte in jener Stunde   (~HED 402ff.)
hier Pfeifen und Trommeln
und Trompeten blasen,
dort Geigen, dort Singen,
695 und hatte verschiedene Kurzweil.

416f. Vgl. 4913 u. U. Wilh. v. W. 464.

424f. Vgl. Titurel 17,1 *gewan ie fürste lieber/wîp, waz der dolte/der herzenlîchen wünne,/als ez diu minne an in bêden wolte!*

453ff. Auf der hier folgenden Partie baut Plate (1978) seine These vom Herzog Ernst als Reichshofrichter auf, s. dort S. 157ff.

454 *des* nicht mit Ahlgrimm in *daz* zu ändern, sondern = ›daher, deshalb‹.

490 Vielleicht ist nach der genauen Entsprechung U.Alex. 27847 *ez enwolt der vürste mære/ie wesen reht rihtære* auch hier *ie* hinzuzufügen.

500f. *angeborn sîn* mit acc. ›der Erbherrschaft jemandes unterstehen‹; vgl. U.Alex. 18317, 19444; entsprechend *anersterben* u. 3966f.

537f. Vgl. U.Alex. 27123f.

590 Lexer schlägt *bespæhet* vor, doch vgl. 5150.

620 Vielleicht ist statt *jach* zu lesen *sach*, vgl. V. 4449f. und U.Alex. 18949f. u. U. Wilh. v. W. 1812, 6503f.

630 ›Wenn ich es ihrer Entscheidung überließe‹; vgl. U.Alex. 18100.

660 ›so (als abgesetzter) paßt er mir.‹ Vielleicht ist zu bessern *ez* statt *er*.

687 Das erste *sîn* gestrichen nach dem Vorbild Parz. 128,28; vielleicht ist danach auch *gelust* zu schreiben; vgl. Haupt, ZfdA 7, 261.

745 *wolden* im Sinne von *solden* auch V. 1049; vgl. U.Alex. 15122f.

857 *wertlîcher* nach 4797 *mangen wertlîchen lîp.*

871 Neutrum nach V. 3758f.

898 Vgl. 1356.

915 Vgl. 4844f.

918 Vgl. Wigalois 2130 *sus kunde er in ze hûse laden* ›bekämpfen, verwunden, töten‹; ebenso *ze hûse haben* Biterolf 12656, Reinbot 1858.

1006 ›Ich nehme das auf meine Verantwortung‹; vgl. U.Alex. 16025.

1012 Vgl. U. Wilh. v. W. 1313 *ir mündel hitzic rôt.*

1027 *hân* ›halte für. . .‹; Haupt schlägt ZfdA 7, 260 vor: *ich sage.*

1142 Vgl. U.Alex. 21420.

1190 Vgl. U.Alex. 7522.

1196 *sich ze strîte rihten* (: *pflihten*) steht auch U.Alex. 23728f. Es besteht also kein Grund, das zwar häufigere *sich berihten* von W zu bevorzugen.

1197 *erhal* ist in ganz ähnlicher Verwendung 1672 und 5121 belegt, sonst auch noch 2868; *erschal* in W ist daher gewiß jünger.

1202 Vgl. Einleitung S. XVIII. Die Lesung von g *das er sin wunder-lichen* ist sinnlos. Die Konjektur von Ahlgrimm, S. 44, *das erschein wunderlîchen* ist nicht mhd., da das nhd. *erscheinen* in der Bedeutung ›dünken, einen Eindruck machen‹ ganz jung ist. Die aufgenommene Konjektur Bones *daz dûhte sie wunderlîchen* ist nur dann zu rechtfertigen, wenn danach zwei Verse fehlten:
    1202ª daz er dô (*oder* alsô) hin was komen.
    1202ᵇ klage und weinen wart vernomen.

1209 = Parz. 102,14.

1442 *die gezelt ûfbrechen* auch U.Alex. 10211, 21717.

1489 Vgl. HEC und Bartsch, S. X.

1497 *daz* ergänzt nach V. 1566.

1675f. Der Reim zeigt, daß die Form des Dichters *niemen* war.

1716 *des* zu ergänzen nach 1740?

1726 Die Umstellung nach 2066.

1730 *die* gestr. nach 801, 1575; vgl. auch U.Alex. 2179.

1749 Conj. ›ohne daß‹.

1893f. Zum Reim vgl. v. Kraus zu Reinbot 3141.

1918 Vgl. 3424, 3581, U.Alex. 15490.

1983 Der falsche Plural wohl durch das pluralische *anker* veranlaßt.

1995 Vielleicht ist *sie begunden* fehlerhafte Wiederholung.

1997 Lexer gibt unter *nôklier* für *nuklir* fälschlich die Verszahl 2997 an.

2019 Das *Kipria* der Hs. (3812 *Kripia*) ist bereits von Haupt in ZfdA 7, 275 in das ›richtige‹ *Grippiâ* umgesetzt worden. Doch wird die Form von g vielleicht durch die Form *Cypra* im Vévoda Arnošt 2351 schon für den Anfang des 14. Jh.s bestätigt. Sie könnte dann möglicherweise die Form des Dichters sein.

2049 Zu erwägen Umstellung *Dirre âventiure mære*, vgl. z. B. J. Wilh. v. W. 1404 *nâch der âventiure mæren*.

2055 *erriuten* (vgl. Haupt, ZfdA 7, 264) ›machten urbar‹.

2067f. Zur Umstellung von *hie* vgl. B 2260f.

2140 *den* auf *rât* 2138 bezüglich.

2182 *aldurch* vgl. U. Wilh. v. W. 3602.

2255 Der Vers steht apo koinou.

2328 *gewichen* hat hier keinen Sinn; da es aber oft für das veraltende *geswîchen* eintritt (vgl. z. B. Bartsch zu HEB 129), so ist entsprechend U.Alex. 16628 und 17100 geändert.

2366 *tôpaziô* nach U.Alex. 12531.

2452 Die Form des Dichters ist gewiß *brunne*, sonst wäre 3519 sicher nicht *blumen* dafür gelesen worden; vgl. auch U.Alex. 4869 (: *runne*).

2473ff. Vgl. U.Alex. 26784 *ob sich des iemen rüemet, er habe gelîchez dem gesehen, ich ganz im wol, ist ez geschehen.*

2555 *braht* wird auch 3059 für den Kranichlärm gebraucht und auch sonst 4212. Es ist in U.Alex. häufig.

2625 *gericket* ›geschnürt‹.

2635 Das *strîchen der hosen an die bein* deutet auf ihre Enge, vgl. Parz. 168,5ff. und Wigalois 4088f.; dazu M. Heyne, Körperpflege und Kleidung bei den Deutschen von den ältesten geschichtlichen Zeiten bis zum 16. Jahrhundert, Leipzig 1903, S. 282, A. 126 und 127, und E. Martin, Wolframs von Eschenbach Parzival und Titurel, 2. Teil Kommentar, Halle a. S. 1903, S. 166.

2700–02 Zu Bild und Reim vgl. bes. Heinrich von Freiberg, Tristan 6579f., und Heinrich von Neustadt, Gottes Zukunft 6526f.; durch erstere Stelle auch das *rehte als* nahe gelegt.

2706 *müam* nicht Nachahmung des Kranichgeschreis, sondern für *niwan* (vgl. Haupt, ZfdA 7, 276, A. 1 und Ahlgrimm, S. 46). Das wird durch *gedno* des ›Vévoda Arnošt‹ V. 3116 bestätigt, vgl. Repp 1956, S. 56, A. 1.

2815 Adverbielles *gerihte* auch U.Alex. 26691.

2820 Vgl. V. 1625.

2886f. Das erste *twanc* ist sicher Versehen für *truoc*, vgl. z. B. U.Alex. 7064, 8742f., U. Wilh. v. W. 8000f.

2902 Vielleicht ist mit U.Alex. 2145 zu lesen: *ir herze was ganzes jâmers vol.*

2906 Lies *ein* statt *der*? Vgl. den plur. 2717 und HEB 3410.

2921f. *nâhten* : *gâhten* vgl. 3455, 3725, 4663 *gâhte(n)* : *brâhte(n)* und 5269 *nâhten* : *brâhten*.

2933f. Die Umstellung durch den Sinn sowie durch B 3449f. gefordert.

2949 Der Vers steht apo koinou.

2950 Der adverbielle Gebrauch von *ganz*, für den weder BMZ noch Lexer Belege bringen, auch das Dt. Wb. IV,1,1,1303f. nur sehr unsichere aus mhd. Zeit, findet sich auch V. 4990, ebenso U. Wilh. v. W. 1850 und 2154.

3094 Der intrans. Gebrauch beruht wie bei *rennen* auf Fortlassung des ursprünglichen *diu ros*.

3109 Der von Lexer nur für diese Stelle belegte Übergang des praet. pl. von *verbern* in die III. Klasse begegnet auch U.Alex. 15024, daneben aber in beiden Dichtungen auch *verbâren*.

3121f. Vgl. U.Alex. 13141 *sie wurden gehurtet an einen clôz* und unten zu D 4866.

3220 Vgl. U.Alex. 27810 *wâ ez dir engestlîchen stât*.

3227 Vgl. 1838.

3295f. Es liegt kein unmittelbares Bibelzitat vor. Ausgang ist wohl Ps. 83 (84),11 *Quia melior est dies una in atriis tuis super milia* mit anschließendem *in domo Dei mei*.

3358 Vgl. U.Alex. 27741 *des himels ingesinde*.

3372 *zenen* ›locken‹, das hier allein paßt, wird von U.Alex. 24698 ebenfalls von den Greifen gebraucht, die man *mit âse zent*, und begegnet sonst auch ebd. 26708 und U. Wilh. v. W. 1387.

3435 *dâr* = *dâ* durch den Reim gesichert, auch V. 2516 sowie U.Alex. 3828, 12296, 26780 und U. Wilh. v. W. 2433.

3450 Übertragenes *zoumen* ›lenken, führen‹ ist, außer in persönlichem Gebrauch bei Hadamar von Laber, nur für diese Stelle bei Lexer 3,1160 gebucht; in U. Wilh. v. W. zweimal in konkretem Gebrauch (1526 und 7426).

3497-3500 sind möglicherweise noch direkte Rede.

3513 Zu *swamme* statt *samen* vgl. Einleitung S. XXIIf.

3517 *Kipperland* ›Cypern‹.

3522 *und* nach Haupt zu streichen.

3532 Die Verbindung von *gewesen* mit *hân* auch z. B.
U. Wilh. v. W. 6014.

3550 *lûte* zu *lûten* ›laut werden‹.

3552 Da von ›*brâten*‹ bereits in V. 3543 die Rede ist, ist zu erwägen,
ob nicht eine Entstellung vorliegt für: *dan als sie wârens berâten* ›als
ihnen davon beschieden war‹; *braten* für *beraten* schreibt die Hs.
auch V. 2267.

3563 Die Hs. meint mit *velchs* vielleicht die Form *felsch*, die z. B.
Erasmus Alberus in seinem ›Novum dictionarii genus‹ Frankfurt
a. M. 1540 bucht, vgl. Grimm, Dt. Wt. 3,1500. Das Wort *vels*, das im
Mhd. nur begrenzt bekannt ist, wird auch U.Alex. 16715 gebraucht.

3567 *vurt* hier für ›Flußbett, Strömung‹.

3575 *bereiten* ›bereiteten‹ durch B 4417 *worhten* und Erf. 29,10
fabricant bestätigt (ähnlich auch im V. Arnošt).

3599 Vgl. U.Alex. 26372 *wânten den tôt haben gewis.*

3663 ›auf der Suche nach Leuten‹.

3673 S. Einleitung S. XXV f. Die Form *Cycropides* wird eine Entstellung der Form *Cyclopides* sein, die schon 1300 in Johannes' von
Konstanz Minnelehre V. 810 zuerst belegt scheint, dann aber als *Cy-
clopedes* bei Konrad von Megenberg im Buch der Natur ohne Variante 490,16 (hier gepaart mit *arimaspi*) und 492,23 vorkommt und nach
Bartsch, Herzog Ernst S. CLXVII auch in der Heidelberger Hs. des
Lucidarius Bl. 65ª begegnet.

3689 *vernâmen* ›verstanden‹.

3700 V. d. Hagen schreibt *sueten*, das er als *sûten* ›nähten‹ auffaßt,
gibt aber S. 61 fakultativ die Lesung *sneten*, die zweifellos die richti-
gere ist.

3701 Vgl. U. Wilh. v. W. 5985 *ern schüefe in guot geræte.*

3723 *zogten* nach V. 3868.

3725 Vgl. U.Alex. 1858.

3760 *der wol gefieret* vgl. U.Alex. 3432, 11013, 18976.

3786 Vgl. B 4630 *mê danne ein ganzes jâr*; daß *mê dan ein jâr* auch in
der Vorlage von g stand, zeigt der V. Arnošt V. 4240.

3812 Zu *Kripia* vgl. o. zu 2019.

3828 Daz hier in seinem Grundwort durch den Reim gesicherte *Blatevüeze* wird durch das ausdrücklich als deutsch bezeichnete *Blatfuzowe* (›Blatfüßer‹ im V. Arnošt V. 4285) auch für die Vorlage der Hs. g bestätigt. Daneben wird als tschechische Bezeichnung *ssironozcy* ›Breitfüßler‹ V. 4284 genannt. Das deutsche Wort geht letztlich auf griech. πλατύπους zurück (vgl. Kluge-Mitzka[21], 554[a]). Es steht daher dem Ausgangspunkt näher als das von Bartsch in den Text von B gesetzte *Plathüeve*, das in a 4671 als *Plathauwen*, aber 4689, 4716 und so immer (Bartsch) als *plachauwen* erscheint, während b *Platfuzz, platfuezz* bietet. Über dieses Volk s. den großen Aufsatz von Ch. Gerhardt 1978.

3834 Das Reflexiv steht bei *schirmen* stets im acc.

3857 ›abwarten‹.

3895 Vgl. V. 4241.

3926 *mêr* ›fortan, weiterhin‹.

3966f. ›als wenn sie von Alters her als Erbe an ihn gekommen wären‹, derselbe Sinn mit *angeborn sîn* s. V. 501f.

4016 Zu *leben* mit dat. ›jd. dienen, untertan sein‹, s. U.Alex. 16266 *daz muoz dem menschen allez leben / und im wesen undertân*.

4054 Die Hinzusetzung des Pronomens zu der Verneinung bzw. Bejahung ist das Übliche; vgl. V. 4430.

4065 *vogelîn* im Mund der Pigmäen für die Kraniche, die hier nirgends genannt werden, ist merkwürdig, aber durch den Reim gesichert.

4088 Zu der Form *Picmei* vgl. Einleitung S. XXVI.

4101 Die Namensform *Kânâneâ* begegnet auch in dem von der Herzog-Ernst-Dichtung abhängigen Reinfried von Braunschweig V. 18926, während HEB das geläufige *Cânâan* braucht (5014 u. 5025), das auch die Hauptform Rudolfs von Ems in seiner Weltchronik ist, der daneben aber auch *Cananea* kennt (1936; acc. 11603). HED verwendet neben *Kânâneâ* auch den Volksnamen *Kânanê* (aus *Chananaeus*) (4255, 4665, 5102) zweimal als Ländernamen (4159 u. 4775), während in U.Alex. nur einmal der Ländername *Kânaân* (aber ohne Reimstützung) erscheint. Vgl. noch zu V. 4609.

4219 ›Er ordnete ihnen ihren Schutz‹.

4227 Vielleicht zu lesen *Was ouch* ›wenn auch . . . war‹, dann Komma nach *bî.*

4237 *wenn* = *wande.*

4308 Zu *valschhaft* s. o. 1529.

4401 Zur Ergänzung von *von* vgl. 4411, 4753.

4494 *swære* ist gen.

4528 *genanten* prät. zu *genenden* mit *an* und acc. ›mit Entschlossenheit sich hinwenden zu (oder: gegen)‹.

4534 *anesehen* ›ansichtig werden‹.

4544 *dem* der Hs. für *dîm* = *dînem.*

4609 Es ist unwahrscheinlich, daß HED außer den beiden Namensformen *Kânâneâ* und *Kânanê* auch die sonst nirgends belegte Form *Kânach* gehabt habe. Wahrscheinlich ist *Kanach : sach* ein Schreiberreim, der sich durch Ausfall eines *dâ* und fälschliche Reimstellung des *sach* ergab. Es ist also wohl zu lesen: *den grôzen risen von Kânâneâ/und die andern wunder gerne dâ/sach der wirt von dem lande,* vgl. z. B. die syntaktisch ähnliche Stellung des *dâ* in U.Alex. 21150–53. In den Text wagte ich diese Änderung aber nicht aufzunehmen, da auch U.Alex. sehr frei mit den Namen umgeht. Es steht z. B. neben vielfachem *Erbelâ* auch *Erbelas* (: *was*), neben *Kaukasus* (z. B. 19305 : *Indus*) auch *Kaukasas* (6mal), neben *Libiâ* (3mal) auch *Libies* (19288 nom.).

4663/64 Vielleicht umzustellen. Vgl. U.Alex. 19276 *er hiez die Scites niht sûmen/daz sie sich bereiten/ze strîtes arbeiten.*

4675 Das zweite *weidelich* beruht gewiß auf einem Schreibfehler; *werlîch* vgl. 4811; zu erwägen auch *wertlîch* vgl. 857, 4797.

4676 Das den Vers überlastende *werde* ist (abgesehen von sonstigem Gebrauch) vielleicht durch 4768 bewirkt und hier zu streichen.

4687 *Machamet* ist ungewöhnlich; ist mit dem V. Arnošt V. 5089 zu lesen *Machomet?*

4704 Die Tautologie wird bestätigt durch U.Alex. 23687 *wol georset und stark geriten*; ist *starc* vor *geriten* zu ergänzen?

4718 *busînen* ist die in U.Alex. 12803 durch den Reim gesicherte Form, die freilich in den Hss. oft durch jüngere Formen ersetzt wird, vgl. auch U. Wilh. v. W. 295, 1579, 1694, 3866; dazu Suolahti, Der französische Einfluß auf die deutsche Sprache im 13. Jh., Helsinki 1938, S. 409.

4722 *mir* statt *mit* bei v. d. Hagen ist Druckfehler. Zu *tjostes* vgl. 898 und 1356.

4726 Das sonst nicht belegte *das erste* ist gewiß Schreibfehler.

4736 oder 1. *alles* ›immer‹?

4761f. Die Änderung wohl gestützt durch U. Wilh. v. W. 1579 *tambûr und busînen grôz/gâben dô schalbæren dôz.*

4767 *sêle* ist gen. pl.

4783 *goum* : *roum* vgl. U.Alex. 13627.

4819 Ist statt des hsl. *der beyer hern voget* zu lesen *der Beier, êren voget,* vgl. U.Alex. 5955 und 23319 *Alexander, der êren vogt?*

4825 Vgl. 5554 *aldâ,* 4837 *alhie.*

4832 Vgl. U.Alex. 14295 *dô die* (sc. *fürsten mit ir scharn*) *wurden gelâzen an, dô wart strît dâ getân.*

4866 Vgl. U.Alex. 13966 *der strît an einen clôz geriet* und 19690 *die Kriechen wâren an einen clôz gedigen.*

4870 *Ernest* steht apo koinou (gegen v. d. Hagen und Ahlgrimm).

4892 *eine* ›allein‹, vgl. 4812.

4905f. Vgl. U. Wilh. v. W. 8063f.

4932 Vgl. 226.

4939 Das zweite *frauwen* gewiß aus *frôwem* ›frohem‹ mißverstanden.

4979 *sûr* : *tûr* auch U.Alex. 11425.

4983 *unvolaht* ›ungezählt, ungemessen‹ sonst nur U.Alex. z. B. 21459 u. 23303 und U. Wilh. v. W. 3104.

4989 Zur Streichung von *koniges* mit Ahlgrimm vgl. 321 *auch wil ich iu des brieve* (›Urkunden‹) *geben.*

5049ff. Vgl. U.Alex. 14483ff.

5114 zu *sælde wachet* s. BMZ III 450ª.

5199 Vgl. U.Alex. 23389f.

5226 BMZ I 663ª,29: *arbeit* statt *arkeit.*

5298 *kerge* ›Klugheit‹.

5304 *reiniclîchen* ›vollkommen, tadellos‹, daher nicht mit v. d. Hagen durch *rîchlîche* zu ersetzen.

5306 Zu *münster* statt des 2. *metten* vgl. 5343/45.

5318 Zu *besprach* vgl. 5150.

5351 Vgl. 5416; *tugent* statt *tougen* auch 1790.

5396-98 Die Häufung von *selb-* dient der Eindrücklichkeit der Mahnung.

5496 Zu *undersniten* vgl. zu V. 62.

5501 *geswanze, geswenze* ›tanzartige Bewegung‹, vgl. Lexer 1,938 u. 939; Dt. Wb. IV,1,2,3981. Vielleicht ist *geswenze : tenze* zu lesen; das Verbum *swanzen* ›tanzen‹ auch U.Alex. 26830.

5513 *hêrschaft* ist hier ›prächtiges Fest‹, ähnlich also wie *wirtschaft* 3778, 3924, 3948, 3953.

5516 *kotze* hier ›Pilgergewand‹; vgl. Dt. Wb. V,1902.

5533 *wider nemen* ist entsprechend *lêhen nemen* ›belehnt werden‹ Fachausdruck für die Wiederbelehnung.

5553 Wie schon Haupt, ZfdA 7, 302f., nachgewiesen hat, ist *roßfelt* eine Verwechslung mit Roßtal südwestlich von Nürnberg an der Straße von Schwabach nach Großhabersdorf (Kr. Fürth). Hierher in die angebliche Begräbnisstätte des Geschlechtes der Babenberger, zu dem er gehörte, soll Herzog Ernst II. aus der Marienkirche in Konstanz, wo er nach Lösung des Bannes bestattet war, überführt worden sein. So z. B. bei Chr. F. Stälin, Wirtembergische Geschichte, Teil I, Stuttgart 1841, S. 482, als historisches Faktum. Aber die Nachrichten darüber und erst recht die über Irmingard (die in lokalen Quellen auch als *Irmgardis* und *Irmelgardis* und sogar als *sancta Erbelgarda* erscheint), sind spät und ganz unsicher, vgl. z. B. schon die Haupt nicht zugänglichen Erörterungen im Achten und Neunten Jahresbericht des historischen Vereins in Mittelfranken, Nürnberg 1838, S. 31ff., und 1839, S. 24-30. Sie werden von der neueren Geschichtsforschung als bloße Kombinationen angesehen und können daher hier nicht näher besprochen werden (vgl. z. B. Karl Weller, Geschichte des schwäbischen Stammes bis zum Untergang der Staufer, München, Berlin 1944, S. 196, und Otto Feger, Geschichte des Bodenseeraumes, Lindau und Konstanz 1956, Bd. 1, S. 232). Es genügt vielmehr der Hinweis, daß es lokale Traditionen gab, die Roßtal mit Herzog Ernst II. verbanden. Von solchen wußte der Dichter offenbar, obwohl sie für uns erst sehr viel später greifbar werden, und man darf daraus vielleicht schließen, daß er in dem Helden der Dichtung trotz der Beziehung zu Otto dem Großen den Babenberger Herzog Ernst II. sah. Daß die neuere Forschung in bezug auf Roßtal ganz andere Wege geht, zeigen die Hinweise von Plate 1978, S. 155f. – Daß der Passus bereits in der Vorstufe von g stand, zeigt die Tatsache, daß auch der ›Vévoda Arnošt‹ davon berichtet; er nennt den Ort V. 5955 *Rozfarka* und Irmengart V. 5960 *Ryngatha*.